怪談最恐戦2022

怪談最恐戦実行委員会／編

竹書房
怪談
文庫

過去最大の応募者と観客、視聴者で開催した、怪談コンテスト〈怪談最恐戦2022〉+〈怪読戦（朗読部門）〉

「日本で一番恐い怪談を語るのは誰だ！」をテーマに賞金百万円と「怪談最恐位」の称号をかけて、五回目となる怪談最恐戦2022の火ぶたが昨年、切って落とされた。また怪読戦（朗読部門）も前回に続き併せて開催。応募者数、大会のチケットの売り上げ枚数、ネットでの視聴者数など回を重ねるにつれ今回も記録を更新、文字通り史上最大の規模となった。

第五代最恐位、最恐戦の頂点に立ったのは、過去4大会すべてに参戦した伊山亮吉。これは奇しくも昨年の覇者、田中俊行と同じ全大会参加という長い道のりであった。惜しくも準優勝は福岡県から参加した毛利嵩志で、ベスト4に勝ち上がった宮代あきら、いわおカイキスキーとともに、フレッシュな顔ぶれが名乗りを上げた。本書にはこの4人の新作書き下ろしを収録している。怪談最恐戦の一部はYouTube「竹書房ホラーちゃんねる」（8ページ参照）で公開している。

また怪読戦（朗読部門）は予選通過者11人により「竹書房怪談文庫／まつり」と称して初めて観客の前で決勝戦を開催。見事、御前田次郎が栄冠を勝ち取った。怪読戦のすべての応募作品や決勝戦の模様は同じく「竹書房ホラーちゃんねる」で視聴できる。なお、怪談最恐戦や怪読戦の詳しい結果などは「怪談最恐戦ＨＰ」（8ページ参照）に掲載。

大会の応募者、会場の観客、ネットでの視聴者など年々、増えていることは冒頭でも触れた。怪談師はもとより、アイドル、俳優、声優、落語家、お笑い芸人、な業界から参加が目立つ。また、会場では男女とも20代、30代のいわばZ世代の観客が増えている。怪談も新たなフェーズに突入しているのだ。そんな中で生まれた最新・最恐の怪談をこの文庫で体験、目撃頂ければ幸いである。

怪談最恐戦実行委員会

目次

怪談最恐戦2022 ファイナル／2nd stage&3rd stage（決勝戦） 131

怪談最恐戦投稿部門 189

怪談最恐戦
公式HP

竹書房ホラー
ちゃんねる

怪談最恐戦2022

最恐位
準優勝者、ベスト4入賞者
書き下ろし作品

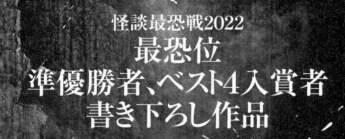

赤い子ども

伊山亮吉

僕は常日頃から人に会うとつい「怖い体験ありませんか?」と聞いたり、求められてもいないのにノンストップで怪談を喋り続けてしまうことがある。いわば怪談がコミュニケーションツールなのですが、これは数年前にそんな僕がとある劇場の喫煙所で聞いた話だ。

ある夏の日の事。

自分の出番が終わり、劇場の喫煙所でタバコを吸っていると若い舞台監督の関根さんという方が話しかけてきた。

「伊山さん、いつも怪談を喋ったり集めたりしてますよね。僕の話も聞いてくれませんか」と言うので「どうしたんですか?」と聞くと「この前、怖い夢を見たんです」と言った。

それを聞いて困った。

たとえどんなにそれが怖くても夢は夢。霊体験というわけではないと思ったので、それを正直に関根さんに伝えると、

「まあ最後まで聞いてください」と話し始めた。


ある夏の夜、劇場の仕事が長引いてしまって、終電に間に合わなかった。

ネットカフェに泊まるかタクシーで帰るか迷ったが、疲れていて汗もかいている。翌日も仕事だしシャワーを浴びて休みたかったので奮発してタクシーに乗って家に帰った。二十三区内だが家賃が安い古いアパートで独り暮らしをしていた。

ガチャってドアを開けると、真夏だったのでモアアっと熱気が籠っている。涼しくしようとクーラーをつけ、そのままソファに座り込むと立ち上がる気力が無くなってしまった。

クーラーで部屋がどんどん涼しくなっていくにつれて、眠くもなってくる。

ああ、どうしよう、歯も磨きたいしシャワーも浴びたいのに眠い。立てない。どうしよう、どうしよう、そう考えてるうちに「もういいや、このまま寝ちゃおう」とそのままソファに座ったまま寝てしまった。

すると変な夢を見た。

自分が赤い色のガラスを通して見ているような真っ赤な世界の住宅地にいる。

それ以外は現実の世界と変わらない。いろんな人が自分の周囲を行き交っているのだけど、誰もその真っ赤な世界について疑問に思っていない。

なんだこれ？　と思いながら歩いていると、公園があった。

見ると、子供がたくさん遊んでいる。

やっぱりこの子供達も真っ赤な世界について何も疑問を持ってないようだ。

すると一人の子供が突然こちらをパッと見て、

「あそぼ！　あそぼ！　あそぼ！」

と言いながら近寄ってきた。

ギョッとした。

だってその子、真っ赤な世界でもはっきりわかるぐらい血だらけだ。

「あそぼ！　あそぼ！　あそぼ！」

その子供が自分に向かってどんどん駆け寄ってくる。

怖くて動けなくなった。

「あそぼ！　あそぼ！　あそぼ！」

近づいてきた子供は、自分のことをギューと抱きしめた。

その瞬間、パチっと目が覚めた。


ただとても不思議な感覚だったという。

夢から覚めたって感じではない。意識が途切れてない。さっきまで真っ赤な世界にいて、急に部屋に戻った感じだった。

なんだったんだあれ？

そう思っていると、途端に体がグッと動かなくなった。

ソファに座った状態で金縛りに遭った。

動けない……すると玄関の鍵を閉めたはずなのに、ドアがガチャッと開く音がする。

えっ？　と音の方向を見ようとしても、金縛りだから首もうごかせない。

そうしているうちに、小さな足音がトットットットッとやってくる音が聞こえる。

あっ！

直感でわかった。

あの夢の子供だ！

必死に心の中で、

（ごめん！　遊べない！　遊べない、遊べないから）

強く何度もそう念じていると、足音はゆっくりとドアのほうに戻っていき、ガチャンとドアが閉まった。

その瞬間、体の金縛りが解けた。

「こんな夢を見たんです」

関根さんの話を聞いて、僕はびっくりした。

なぜならば、三日前に、ある怪談ライブに来ていた女性のお客様から「伊山さん、聞いてください」と話しかけられたが――。

「私この前、変な夢見たんです」

その女性は実家暮らしだが、ある夜、自分の部屋でベッドで寝ていたら――

「妙な夢を見たんですよ。自分が、真っ赤な世界の病院にいる」

なんだこれ？　と思って見回すけれど、病院にはたくさんの人がいるのに誰も真っ赤に染まっている世界について疑問に思っていない。

ええ？　と思っていると突然、廊下の奥から血だらけの子供が出てきて、こっちに向かって「あそぼ！　あそぼ！　あそぼ！」と言いながら走ってくる。

怖くて動けずにいると、どんどん近寄ってくる。

「あそぼ！　あそぼ！　あそぼ！」

そしてその子供に、ギュッと手を握られた。

「その瞬間、目が覚めたんです。ただ、目が覚めたらおかしな事に気付いて……」

そう、自分はいつも仰向けで寝ているのに目が覚めるとうつ伏せになっていて、さっきまで誰かと手を繋いでいた。そんな体勢で目を覚ました事に気付いた。

何これ、と思った時には体が動かなくなっていて金縛りに遭っている。

動けない…！そう思っていると、自分の部屋のドアがガチャと開く音がする。

そして、トットットッと足音がする。

あぁ、さっきの子供だ……と思って、

(ごめん、遊べない、遊べない、遊べない、遊べないんだ！)

何度も必死に念じていると、そのままゆっくりと踵を返して戻っていった。

「こんな夢見たんです」

という話を、三日前に聞いたばかりだった。

もちろんこの二人は、まったく縁もゆかりもない。だから、どういう状況や条件があれば、こんな夢を見ることになるのかわからない。

でも、もしかしたら――。

わからないからこそ、その夢、今夜にでも自分が見るかもしれない……。

さらに驚くことに、この話を僕から聞いて「自分も似たような体験をした事がある」と言った人に二〇二二年に出会った。

鈴木さんという埼玉県出身の若い男性で、小学六年生の頃は木造アパートの二階の部屋に住んでいた。

ある日、学校を終えて帰宅すると家に誰もいなかったと。

そのまま家で昼寝をすると妙な夢を見た。

他の二人と同じように自分が真っ赤な世界の住宅地にいる。ただそこは、見覚えがある近所だった。

「帰らないと……」そう直感的に思って家に向かうと住宅街の道の先にトイレの花子さんのようなおかっぱ頭の女の子が立っていた。ただ何故か顔は闇のようにまっ暗で見えない。

そんな女の子が「あそぼ！　あそぼ！　あそぼ！」と向かってきた。

ギョッとして走って逃げようとすると夢の中のせいなのか上手く走れない。

それでも走り続けるとそのまま足がもつれて転んでしまった。

なんとか必死に四つん這いで逃げようとしたが、ついに追いつかれ「捕まえた！」と抱きしめられ、その瞬間に目が覚めた。

それを聞いた僕はすぐに、「その後、その夢の女の子は現実の家に来ましたか？」と聞いたが、彼いわく「夢から覚めて起きた直後の記憶がない」と言う。

それともう一つ、「この夢を十代の終わり頃まで年に二、三回見てた。いつも起きた直後の記憶がない」と。

僕はそれを聞いてひょっとしてこの鈴木さん、起きた直後に現実にやってきたその女の子と遊んでたんじゃないかな、と思った。

遊んでくれるから、十代の終わりごろまで年に二、三回もその女の子が夢に現れたのではないかと。

ただその記憶が一切ないってことは、脳が覚えていたくないくらい怖い体験という可能性もあるのではないか。耐えられないような体験をした場合、脳は記憶を消すことがあるという。

一体女の子とどういう遊びをしていたのか。

そして「真っ赤な住宅地だけど近所だった」というのを聞いて、理由はわからないがひょっとしてこの夢を見る人は真っ赤な世界で鈴木さんの近所、埼玉の同じ街の中を彷徨《さまよ》っているんではないだろうか。そう思った。

成功の理由

伊山亮吉

僕は今現在、新宿歌舞伎町にある怪談ライブバー「スリラーナイト」というお店に怪談師として勤めている。

ご来店されるお客様は職業も年齢も様々で、そんなお客様と世間話をしたり、怪談をお持ちのお客様とは怪談を語り合ったりするのがとても楽しい。

ある日のこと、四十代の建設会社の社長さんがお店に初めてご来店された。仮にこの方をAさんとする。

このAさん、大変怪談好きで、しかも僕と共通の知り合いがいるという事がわかってこの夜は大いに盛り上がった。

会話の流れで「仕事で成功される秘訣とかありますか？」という、今考えると少し無粋な質問をしたが、この問いに対するAさんの答えが奇しくも怪談だった。

というのもこのAさん。今でこそ社員を多数抱える会社の社長さんだが、若い頃は大変な不良で、ある時に犯罪行為を見かねた父親から勘当されて実家を追い出された。

それからどうしたかというと、実家から歩いて五分ほどの団地に住んでいたと。

実家は大きくて立派な家屋だったが、そんな家から団地住まいに変わってもAさんは気にしなかった。むしろ、口うるさい存在と顔を合わさなくなったことでせいせいしていた。


ある夏の夜のこと。

Aさんは一人、団地の部屋の中でぼーっとしていると突然ゾワッと寒気がした。悪寒がする。

熱帯夜なのにおかしい……。

思わず窓を閉めきっても寒気が止まらない。

すると突然、怖くなった。

何かを見たわけでも聞いたわけでもない。ただ、寒気とは別に何かを感じて急に怖くなった。

自分でも理由がわからない。

途端にこの部屋には居たくない、ここはマズいと思い、実家に逃げようと。ただいきなり帰ると父親に怒られると思ったので携帯電話で実家に一本電話を入れようとした。

ただ、おかしい。

直接番号を打ち込んで実家に電話を掛けようとしたが最後の数字だけ押せない。指が絶対にそっちに行ってくれない。

何度試してもダメだった。実家に電話が掛けられない。

それじゃあ携帯に保存している電話データから検索して実家に掛けようとしたが、今度は発信ボタンが押せない。

そのうちに、どんどんと悪寒は酷くなって妙な怖さも増してくる。

もういい、このまま帰ろう、とそのまま玄関を飛び出て実家に向かって駆け出した。

戸建ての実家に着く。

何度も玄関のドアを叩くと母親が出てくれた。

びっくりした顔で「どうしたの？」と聞いてくる。

「事情は後で詳しく説明するんだけどさ、今自分の部屋に居たくないから、とりあえず入れてくれないか！」と言うと、母親は優しい。

やっぱり何があろうが自分の息子には変わりないので、事情も聞かないまま家に入れてくれた。

しかし、そのまま和室に入ってとにかく落ち着こうとしていたら、父親が和室に入ってきてAさんを見るなり激怒した。

「お前、なんでこの家にいるんだ！」

そして、そのまま事情も聞かずにボコスカとAさんを殴ると、玄関から外に放り出した。

「二度と顔を見せに来るな！」

そう言われてピシャッと玄関は閉められたが、Aさんはたとえもう一度父親から殴られてでも団地のあの部屋に帰るのは嫌だった。

門の外に出ていたが、もう一度玄関に向かおうとすると、あれ？　と思う。

足がもつれて歩けない。玄関に向かえない。

これもまた何度試しても一緒だった。

すぐ目の前の玄関まで歩けない。

それでもどうしても実家に戻りたいAさんは、そのまま倒れて這いながら玄関に向かった。

やがて玄関まで辿り着き、這った状態で「頼むから、この家に一晩居させてくれ」と懇願するとその姿を見た父親が、

「お前、一体なにがあった……?」とやっと話を聞いてくれるようになった。


全ての事情を話したAさん。

それ聞いた父親は、

「お前の事情はわかった、それでもなおこの家に居ることは許さない。代わりに俺と母さんがお前の家に行って塩を撒いてやる。効くかはわからないがこの家の神棚も持っていくし、犬には霊感があるって聞いた事もあるから犬も連れていく。それで勘弁してくれないか」と言った。

「わかった。じゃあそれでお願い」ということで、Aさんは両親と犬を連れて団地の家に戻った。

部屋に着いた。

父親が塩を撒き、神棚を置いて、犬をしばらく歩かせる。犬は特に吠えたりはしなかった。

「じゃあ、もう帰るぞ」と言って父親が犬を連れて帰る。

母親も「私ももう帰るね」と言うので、Aさん、慌てて引き留めた。

「もうちょっと居てくれない？　あ、そうだ。じゃあ俺の携帯で彼女呼んでくれるかな。で彼女が来るまでここに居てくれない？」

「別にいいけどなんで私が呼ぶの？」

「実家でも言ったけど、今、誰かにおれ電話掛けられないんだ」

それで母親が電話を掛けて、彼女を呼ぶことになった。

その辺りからAさん、記憶がおぼろげであまり覚えてない。

ここからの話は、その現場に居合わせた母親から、あとでAさんが聞いたことだ。


Aさん部屋の中で、壁にもたれかかって座った。

そこまではなんとなくAさんも覚えてる。

問題はその後だ。Aさん、自ら頭を壁に激しく打ちつけ始めた。

ガンッ！　ガンッ！　ガンッ！

「あんた、何やってんの！」と母親が叫んでもAさんは止めることができない。

そのままずっと壁に頭を打ちつけ続ける。

そしてAさんは流暢《りゅうちょう》に完璧なお経を唱え始めた。

もちろんAさんはお経なんて覚えているわけがない。

それなのにお経を唱えながら壁に頭を打ちつけ続けている。

どうやらこの音、木魚のリズムらしい。

そのリズムで打ちつけている。

「あんた、ほんとに何やってんのよ……！」

母親がうろたえて言った時に、彼女がやってきた。

彼女はそのあまりに異様な光景を見て唖然としている。

「これ、何やってるんですか……？」

「わかんないの！」

Aさんが丁度、お経の合間に「たすけて……」と言った。

おそらく完全に意識が無くなっているわけではない。それでもお経を止められず頭を打ちつけるのを止めることもできない。

それを見た母親が「あんたしっかりしなさい！」とAさんの顔を思いきり叩こうとしたら、Aさん、ピタッとお経と頭の動きを止めて、

「〇〇、あんたは姉を殴るんか」

と言う。

〇〇というのは母親の名前。そしてなおかつ、母親の姉というのはとっくに亡くなっていた。

「〇〇、あんたは姉を殴るんか！」

再度言ってくる。

母親はびっくりして「変なことを言うのはやめなさい！」と返事をすると、

「〇〇、あんたは昔から、これこれこういう子供で、こういうことしていたよな。で、こういうこともして、こういうこともあったよな」

と実の姉しか知らないことを沢山喋ってくる。

それを聞いて母親は確信した。今喋っているのは姉本人だと。

そのまま膝から崩れ落ちて「私の息子を……返して！」と懇願した。

「いいか〇〇。この子が身につけているか家に置いてある高価な物は全部盗品だ。もしくは悪い事をして稼いだ金で買ったもんだ。だから〇〇。それらを集めて全部に川に流しなさい。大丈夫、この子はきっと立ち直れる。私にはわかる。ちゃんと成功できる子だから。でももしまた悪い事するようなら、あたしはこの子を連れていくよ」

そう言うとAさんは倒れた。

その後、母親と彼女で団地の部屋にあった高価なブランド品を一生懸命に集めてから、Ａさんを二人で抱えて川に向かった。

そして川に物を流すと、Ａさんの口から白い煙みたいなものがブワァっと出て天に昇っていった。

気が付くとＡさんは実家のベッドの上だった。

そして事のあらましを全て母親から聞いたという。

「だからね伊山君、僕はしっかり真っ当に生きて、欲張らずみんなのために生きようと努めているだけなんだ。だってもし、悪い事をまたしてしまったら、きっとおばさんにあの世に連れて行かれてしまうから」

Ａさんの成功の理由はそういうものだった。

五〇三号室

毛利嵩志

二十年ほど前、菜々さんは借金返済のため、しばらくデリヘル嬢として働いていた時期があった。

半年ほど小さな事務所に勤めたあと、すっぱり業界から足を洗ってしまった。

その理由は、稼ぎが悪かったからでも、返済が終わったからでもない。デリヘル嬢という仕事に、とくべつ嫌気がさしたわけでもなかった。

「死ぬほど怖い思いをした」から、風俗を辞めざるを得なかったのだ、という。


平日の昼のことである。

菜々さんが事務所に出勤するやいなや、

「菜々ちゃん、悪いんだけど、今からすぐいける？」

そう店長にきかれた。

「大丈夫ですよ」

初めてのお客さんで、女の子の指定はなかったという。まじめで気配りが利く彼女は店長から信頼されており、一見さんの担当につけられることがたびたびあった。ただ引き受けるとして、準備は急である。

運転手の武井さんの車に乗り、後部座席でもメイクを続けた。午後二時ちょうどに着きそう、と武井さんが言った。ようやく身支度が終わったのは、目的地にだいぶ近くなってからのことだった。

福岡市と隣町の境目付近だった。国道に並行して走る裏道を直進していると、右手に大きなマンションが見えてきた。

大きく開いた門から、中の様子をうかがう。全面ガラスばりの自動ドアの脇に、インターホンがついている。管理人室はないようだった。どうやら管理人が常駐しないタイプのマンションのようだ。

菜々さんはほっとした。彼女はとりたてて、露出の高い服装はしていない。しかしメイクなどの雰囲気から、入り口で風俗嬢だと見とがめられることも、過去には何度かあった。玄関に管理人や、口うるさい住人がいないに越したことはないのだ。

彼女はそそくさと車を降りて、インターホンにかけ寄っていった。

5、0、3と、伝えられていた部屋番号を押した。
赤いランプが緑に変わった。

つながった、と思った瞬間、奇妙なことが起きた。

「ヴァ…ア…」という、ひずんだ音声が聞こえた瞬間、ブツッと通話が落ちて、ランプが赤色に戻ってしまったのだ。

(あれ?)

もう一度ためしてみた。やはり「ヴァ…ア…」と聞こえた直後、切れてしまう。

どうもインターホンが繋がって、お客がしゃべり出したとたん、何らかの理由で落ちてしまい、向こうの話し声が、うめき声のようなノイズとして残るようなのだ。

(困ったな……)

中から開けてもらわないと、マンションに入ることができない。

気が利かないお客だ、と思った。サービスを頼んだのはそっちなのだから、それと察してドアを開けてくれてもいいではないか。

菜々さんはガラスのドアをのぞき込んでみた。

そして、おや、と思った。中がずいぶん暗いのだ。玄関のガラスが鏡のようになって、こちらの様子を反射している。おそらくロビーになっているはずだが、ほとんど何も見えなかった。

昼の二時なのにだ。日当たりがずいぶん悪いマンションなのかもしれない。しかしこんなに暗いのなら、電気をつけていてもよさそうなものだが……。

菜々さんは何気なく背後をふり返った。

駐車場には、五、六台の車がならんでいる。

ただ、気のせいだろうか？　みんな古い車のように見える。かたちやデザインもそうだし、車体はところどころ錆びているようだ。

あれらは廃車ではないのだろうか。それともここの住民が、物持ちよく乗り続けているだけなのだろうか。

「君、何してるの。はやく入りなさい」

武井さんが車を降りて、話しかけてきた。

「それが……」

いきさつを説明すると、彼は困ったように頭をかいて、

「店長に連絡して、お客さんに開けてくれるよう伝えてもらうよ」

そう言いながら、車へと戻っていった。その背中を見つめつつ、菜々さんはだめもとで、もう一度だけインターホンのボタンを押してみた。

今度は、緑のランプが灯ったままになった。通話がつながったのだ。

彼女が急いで、「すいません！」と声をかけると、かん高い、若い男の声で、

「どうぞー」

と返答があり、スッ、と自動ドアが開いた。

菜々さんはふり返り、武井さんに両手で大きなマルをつくってみせて、中へ踏み込んだ。

そして、驚きのあまり息を飲んだ。

エントランスは、昼とは思えぬほどの暗さだった。外から見えたとおりだ。ただ問題は、明るさではなかった。そこに置かれていたものが異常だったのだ。

ソファーや机、応接イスといった、粗大ごみとしか思えないような古い家具の数々が、どかどかと無造作に積み重ねられていた。誰かが捨てていったのか、一時的に置いてあるのかはわからないが、床にもこまかいごみが散らばっていた。

マンションの入り口としては、考えられない光景だ。

入り口がこんなに汚いのに、住民は気にならないのだろうか？

菜々さんは粗大ごみの脇を通り過ぎ、エレベーターの前に立ち、上へ向かうボタンを押した。

しかし、エレベーターのボタンが点灯しない。

（えっ）

かちかちかち、と押し続けていて、ようやくわかった。

ボタンが不良なのではない。エレベーター上部にある、ゴンドラの位置を示す階数表示には、どこにもランプがついていなかった。

エレベーターに電気が通っていないのだ。

どういうことだろう、と菜々さんは混乱した。エレベーターが使えなければ、脇にある階段を上っていくしかない。彼女はヒールをはいていた。そんな靴で、できるだけ五階まで上がりたくはないが、他に手段はないようだった。

菜々さんは、ひとりで階段を上り始めた。

じきに気づいたが、マンション内には人の気配はなく、何の物音もきこえてはこなかった。

カツーン、カツーン、という、自分の足音だけが周囲に響き渡っている。

菜々さんは途中の階で、廊下をのぞき見てみた。

エレベーターどころか、非常口のランプすらついていないように見えるが……。

（もしかして、電気が通っていないのでは？）

そこまで考えて、菜々さんはかぶりを振った。

入り口のインターホンは通じたのだ。電気が来ていなければ、最初からつながるはずはない。

(でも、だとしたら、エレベーターが動かないのは、どう考えてもおかしな話だ)

彼女はだんだん怖くなってきた。武井さんに弱音を吐こうと、携帯電話を取り出したが、ディスプレイを見たところ、電波塔のアイコンが一本も立っていない。

(はやく部屋に入ってしまおう……)

ようやく、四階まで上がってきて、階段を折り返した。あと少しだ、と思ったが、菜々さんは上を見て、アッ、と声をあげた。

五階へ続く階段には、たくさんの段ボールが積み上げられていたのだ。

それぞれの箱には、一階にあったごみ同様、雑多ながらくたが無造作に詰め込まれていた。人が通れそうな隙間はない。

仕方なしに菜々さんは、ひとつずつ横にどかしながら上がっていった。

作業で一息つくたび、悪態が口をついて出そうになった。

エレベーターが使えないのに、なぜ階段を塞いでいるのだろう。これではまるで、五階に上がる者など誰もいないから、荷物置き場として使っている、とでも言わんばかりではないか。

――五階に上がる者など、誰もいない。

人の気配が皆無なマンション。

廃車としか思えない車。

うめき声に似たインターホン。

「どうぞー」と言った男の声は、笑ったように聞こえなかっただろうか？

菜々さんが引き返さなかったのは、ほとんど意地だったかもしれない。彼女は泣きそうになりながらも、必死に荷物をどかし続けて、ようやく五階へと到着した。

上の方の階、ということもあってか、これまでのフロアよりは、窓から光が多めに差し込んでいて、いくぶんか明るかった。しかし人の気配も、物音もしないのは変わりがない。

見渡すかぎり、どのドアも閉じられたままだ。

菜々さんは道なりに廊下を曲がった。

奥から三番目の扉だけが、大きく開いていた。

部屋番号を見るまでもない。五階の、三番目の扉だ。目的の部屋にちがいなかった。

ただ、室内の方から、明かりが漏れていないのはなぜだろう。

中をのぞいてみて、菜々さんは両目を見開いた。

——そこはがらんどうで、何の家具も置かれていなかったのだ。

「……ごめんください……」

入り口で挨拶をしたが、蚊の鳴くような声になった。少なくとも、ここにはお客がいるはずだった。かん高い声の若い男が、玄関の扉を開けてくれたのだ。

菜々さんはヒールを脱いで、中にあがりこんだ。

どの部屋にも、誰もいなかった。家具どころか、照明器具も、カーテンすらもない。空き部屋としか思えなかった。お客はどこへ行ったのだろう。菜々さんを呼んだ男の人は……。

奥のふすまが、四十センチほど開いている。

ふるえる足で近づいていって、彼女は最後に、奥の和室をのぞき込んだ。

五〇三号室には、何も置かれていなかった。家具も、調度品も、何もかも。

だがその和室には、あるものだけが、唯一大量に残されていた。

電話帳。

大量の電話帳が、人間のかたちに整えられ、畳の上に並べられていた。

それを見た瞬間、菜々さんは悲鳴をあげ、全速力で階段をくだり、マンションの外へと飛び出していった。

以上が、五〇三号室で起こった出来事のあらましである。

前述のとおり、菜々さんが風俗業から足を洗ったのは、この恐怖体験がトラウマとなって強く残ったためだ、という。

結局、菜々さんは逃げ出してしまったわけだが、不思議なことに、電話をかけてきた顧客からは「女の子が来なかった」というクレームが入ることはなかったそうだ。

店長が調べたところ、どうも問題のマンションには、すでに人が住んでいないのではないか、という情報が得られた。その一方で、まだ一部の住人が残っている、という話もあり、どちらが正しいのかは、確認のしようがなかった、という。

店長は、これを「悪質ないたずら」と断定し、菜々さんを必死になぐさめ、落ち着かせようとしたが、彼女の退職の意志をくつがえすことはできなかった。

ただそれは、本当にいたずらだったのだろうか。

犯人が、女の子を怖がらせるためにやったのなら、もっと簡単な方法はいくらだってあるはずなのだ。扉のうしろから出てきて、わっ、と驚かせば済む話だからである。

しかし、菜々さんが実際に見たものは……。

廃墟同然のマンション。数々の錆びた車。インターホンの不協和音。電気が通っていないエレベーター。ふさがれた階段。空き室だとしか思えない部屋。

そして、奇妙な電話帳の並べ方。

特に、最後のものはいったい何だろう。

体験談をきいて十五年になるが、それが置かれた真意を想像するたび、私は背中に、うすら寒いものを感じないではいられないのだ。

(以上の話は、女の子ではなく、運転手の方にお聞きしたものである。すべては彼からの又聞きだが、伝わりやすさをかんがみ、女の子の視点から描かせていただいた)

本棚から出るモノ

宮代あきら

高杉さんが、娘の「イマジナリーフレンド」に気付いたのは、三十代前半の時。

当時、旦那さんは長期出張中で、高杉さんは六歳になる娘のミサちゃんと二人暮らしだった。

ある夏の日。全ての家事を終わらせて時計を見ると、夜の二十二時だった。

リビングのソファに腰をかけ、携帯をチェックする。やっとできた自分の時間。

外では蝉《せみ》が鳴いている。

コーヒーでもいれようと立ち上がった時、二階から声が聞こえてきた。

「キャハハハ」

娘の楽しそうな笑い声。

天井を見上げながら、珍しいなと思った。深夜にトイレで起きてくることは度々あったが、いつもこの時間は寝ているはずだ。

「絵本でも読んでいるのかな?」と思い、様子を見に行くことにしたのだが、階段を上がり小さな踊り場を折り返したとき、違和感を持った。

二階フロアが真っ暗だった。子供部屋に電気が点いている場合、ドアの隙間から廊下に明かりが漏れるはずだが、階段の先には暗闇が広がっている。

(もしかして寝言か?)と思ったが、階段を上るにつれ娘の声はハッキリと聞こえてくる。

「キャハハハハ、やめて、やめて」

(え、やめて?)

誰かと会話しているような娘の声を聞き、不審者がいるのかと高杉さんは駆け上がった。よりによって旦那が出張中に。不安を感じながらも勢いよく部屋の戸を引き、電気をつける。

すると、娘はパジャマ姿でベッドに腰かけており、驚いた表情でこちらを見ている。

部屋の中を見渡すも、他には誰もいない。

「ミーちゃん、どうしたの? 今、誰かとお話してなかった?」

声が震えるのを自分でも感じながら、いつもの呼び名で質問した。

すると娘は、ストレートロングの髪をニコニコ揺らせながら、

「うん、みぃちゃんが、くすぐってくるの」

と答える。

(みぃちゃんが……?)

おかしなことを言うなと思った。

「いや、ミーちゃんはあなたでしょ?」と聞くも、

「ううん、お友達のみぃちゃん」

本棚を見つめながら娘は言う。もちろんそこには誰もいない。ニコニコ話す娘の表情に、高杉さんは背筋が冷たくなるのを感じた。

ミーちゃんと、みぃちゃん。

娘と同じ名前の、見えないお友達。高杉さんは心霊の類を信じてはいない。

(もしかするとコレは。俗に言うイマジナリーフレンドなのか?)

イマジナリーフレンド。

育児の雑誌で読んだことがある。成長と共に見えなくなる、幼少期の空想のお友達。子供は不思議なモノをよく見るというが、まさか自分の娘にも起こるなんて想像もしなかった。

しかし、頭ごなしに叱りつけるのもアレだなと思ったので、できるだけ平静を装い

ながら、「あら、みぃちゃんって言うの。同じ名前なのねぇ。遊んでくれてありがとう。でも今日はもう寝ないといけないから。また明日ね」と本棚を見つめながら言い、そのあと、娘を寝かしつけた。

突然のことで面食らったが、これも成長の一つだと思うことにした。

しかし自分にはいなかったイマジナリーフレンド。

娘にどんなモノが見えているのか、とても気になった。


次の日の朝、娘に聞いてみる。

「ミーちゃんが昨日の夜に遊んでいた『みぃちゃん』って子がいるでしょ？　ママあったことないから、そのお友達のこと教えて。その子は、いくつなの？」

「うーん。わかんない」

「身長は？　大きい？　どんな服を着ているの？」

「うーん。背はミーちゃんと同じくらい。お人形さんみたいな服着てる」

「その子は、どこから来るの？」

「本棚から！　ニョキニョキって出てくるの！」

娘が言うには。子供部屋には造り付けの本棚があるのだが、何も入っていないスペースの背板が、たまに真っ黒になるのだそうだ。

その黒色の背板から、フランス人形のような服を着た、ショートカットの女の子が顔を覗かせる。

最初は着せ替え人形くらいの小さな女の子の顔は、本棚から出てきた途端に等身大となり、首、肩、胸、腰、太ももと続きズルズルと這い出てくる。そして、最後は頭を下にしながらズルンと床に落ちるのだそうだ。出てくる姿は、絵本に出てくる青虫に似ているらしい。

それを聞いて率直に、気持ちが悪いと思った。最初はイマジナリーフレンドを肯定しようとしていたが、詳細を聞いてからは嫌悪感を持ってしまう。

「あのね、夜は寝る時間だから、お友達がきても遊んじゃダメよ」と、自分の不安を隠すように娘と約束をした。


それから数日後。

リビングでくつろいでいると、天井からドスン！　ドスン！　と砂袋が落ちるような音が聞こえてきた。

時計は二十二時。音は一定のリズムを刻んでいる。先日のことが頭をよぎる。約束を破って何をしているのか。

これは叱りつけないといけないと思い、子供部屋に戸を勢いよく開けた。

だが、娘の姿を見た時、思わず言葉を失ってしまった。

真っ暗な子供部屋の中、娘は背中を向けて一心不乱にジャンプをしていた。

床を見ながら、何度も何度も飛び跳ねている。


その異様な光景にしばらく呆気にとられていたが、我に返り娘の肩を掴む。

「ちょっ、ちょっと！　やめなさい！　ミーちゃん、何してるの⁉」

すると娘は「大縄跳び！」と、無邪気に答えた。

大縄跳び？　縄なんてどこにも無い。

「何時だと思ってるの！　大縄跳びって誰と？　また、その、みぃちゃんと？」

「うん、どっちが多く飛べるか戦ってるの！」

無邪気な娘の答えに、ただただ戸惑った。正直にどうして良いのかわからなかった。

「もう、いい加減にしなさい！　今は寝る時間でしょ！」

思わず大きな声を出してしまう。そして、そのまま強引に娘を寝かしつけた。

リビングへ戻ってから娘の行動について考えるが、何かが引っかかる。叱りつけながらも感じたあの違和感。どこかおかしい。

一度落ち着こうとコーヒーをいれに行ったとき、違和感の正体に気がついた。

「大縄跳びって、『縄を回す人』が必要だよね……？」

気づいてしまうと、気になって仕方がない。


次の日の朝食の時、娘に聞いてみた。

「あのね、ミーちゃん。昨日の晩の大縄跳び。何人でやってたの？」

すると、意外な答えが返ってきた。

「四人でやってた！」

やはりそうだ。別にもいたのだ。

縄を飛ぶのは、娘と、みぃちゃん。

そして、縄を回していたのは。みぃちゃんの『パパ』と『ママ』なんだと言う。

なんと、娘にはイマジナリーフレンドが三人存在したのだ。

「いつから、その三人はいるの？　どんな人たちなの？」

「ずっと前……から？　見た目は……」

娘から見た目を聞いて、ある出来事を思い出した。

前に、娘が保育園で家族の絵を描いてきたことがあった。

父親と、母親と、女の子の三人の絵。

高杉さんは当然、自分達ファミリーの絵だと思っていた。しかし、その絵は高杉さんファミリーとは似ていなかった。

絵の父親は頭がやたらと大きく三頭身だった。絵の母親はロングヘアだった。そして、絵の女の子はショートヘアでお人形のような服を着ていた。

子供の描く絵だと思って気にしていなかったのだが。

今、娘から聞いたイマジナリーフレンドファミリーの特徴は、絵と全く同じだった。

あの絵は、自分たち家族を描いた絵では無かったのだ。

これはさすがにショックだった。このままでいいのだろうか？

思い詰めても仕方がないので、次の日に女友達に相談することにした。友達は教育系の仕事に就いている。

カフェでお茶を飲みながら、経緯を話す。

すると友達は「私に任せて」と笑顔で言う。

「こういうのはね、頭ごなしに否定しないで、思い込ませることが重要なの。『その三人が家から出て行った』と思わせたら大丈夫だから」


その日の晩。早速、彼女に家に来てもらい、二人リビングで待機していた。

時間は夜の二十二時。

天井からは、先日の晩のようにドスン！　ドスン！　と音が聞こえてきた。

友達と顔を見合わせ、一緒に二階へ上がる。足音を忍ばせて、子供部屋の戸を勢いよく引いた。

暗闇の中、娘はバツが悪そうにこちらに振り向く。

「みぃちゃんのお母さんが、大縄跳びしようって言うから……」

そんな娘を見ながら、友達はニコニコしている。そして、大きな声でこう言った。

「皆様こんばんは。実は、今日は皆様にお願いがありまして。我が家にも、小さい女の子がいるんですよぉ。うちの娘とも遊んで欲しいなと思いましてぇ」

演技がかった友達のその台詞に、高杉さんは唖然とした。友達に子供なんていない。

友達はそのまま続ける。

「皆様、私の家に来てくれませんかぁ？」

そう言うと、娘の様子が変わった。

明らかに動揺した様子で、「オバちゃんダメダメダメ‼」と叫ぶ。

「どうしてぇ？　うちの娘も、皆様に遊んで欲しいって言ってるからぁ」

「オバちゃん……ダメダメ！　みんな、怒ってる……」

「では、皆様！　私について来てくださーい」

「オバちゃん、ダメダメ！　みんな怒ってるから！　みんなもダメ！　行っちゃダメ！」

娘が必死に止める姿を見て、友達はニヤリとした。そして、ゆっくりと部屋を出る。

友達の作戦は順調だった。娘には、三人のイマジナリーフレンドが友達に付いて行っているように、見えているみたいだった。

娘は友達の背中に向かい、しきりに叫んでいる。

玄関まで着いたとき「では皆様、私の家まで付いて来てくださーい」と言ったあと、ウィンクをしてから出て行った。

玄関が閉まった瞬間、娘はワーーっと泣き崩れた。効果は絶大だった。

結果として、その後、娘はイマジナリーフレンドを見ることはなくなった。

ただ、次の日にお礼を言おうと、高杉さんは友達に電話をした。

しかし、全くつながらない。

メールの返事も無い。三度目の電話のとき、やっと電話がつながったと思ったら友達のお父さんが出た。そこで彼女が昨夜、交通事故を起こして入院していることを聞いた。

見通しの良い道路を運転中、街路樹に突っ込んだそうだ。

事故の時間を聞くと、高杉さんの家からの帰り道だったことがわかった。

病院の場所を聞いて急ぎ、友達のお見舞いに行った。

命に別状は無くて安心したが、彼女は事故の前後はほとんど忘れていた。

しかし、一つだけ記憶があるそうだ。車がぶつかる瞬間のこと。

彼女は助手席に乗っていて、フロントガラス越しに街路樹が近づいてくるのを見たのだそうだ。

「でもね、おかしいのよね。一人で車に乗って運転していたのに、私が助手席に乗るなんてありえないのよね」

そう不思議そうに言った。

友達は本当にナニかを連れて行ってしまったのか。娘が見ていたのはただのイマジナリーフレンドだったのか。今になってもわからないと、高杉さんは言う。

私、事故物件に——

いわおカイキスキー

　二年前の八月、由香里さんという都内在住の三十代女性と落ち合った。艶やかなロングヘアーで垂れ目が印象的な、おっとりとした女性だ。

　新橋のありきたりな赤提灯《ちょうちん》の居酒屋で、

「実は私、事故物件に住んだことがあるんです」

と、彼女はありきたりな言葉で始まる話を語り始めた。


　せっかく体験談を話してくれるのに、「ありきたり」という表現は失礼かもしれない。しかし、普段から怪談収集をしている僕からすれば、〝事故物件〟というのは、謂わば「定番中の定番」というべきワードなわけだ。そんな名前の映画もあったし、本だって多数出版されている。

　少し気が抜けた僕の表情からそんなことを見透かしたのか、彼女はじとっとした眼で僕を凝視してくる。で、したり顔でこう言った。

「事故物件に住んだことがある、というより、事故物件から逃れられない、というのが正しいかもしれません」


彼女には大学時代から付き合っていた彼氏がいた。雄二さんという、優しい性格で少しずんぐりむっくりしていて、決して格好良いというタイプではない男性だ。

だけど、彼女が、「好きだよ」と言うと、彼はいつも目を逸らしてはにかんだ。

その表情、仕草がたまらなく愛しく、心の底から大好きだった。

彼女はそんな彼氏と夢見ていたことがあった。それは、同じ家に一緒に住むこと。つまり、同棲したいと願っていた。当時、大学生の二人は、ともに地方から東京に出てきていて、親の仕送りで一人暮らし。

「そんなに好きなら、一緒に住んじゃえばいいじゃん」

なんて友達は言う。だがこの二人はせめて、大学を卒業して、自分たちで稼いだお金で自立できるまで同棲は我慢しようと決めていた。


大学を卒業して二年経った七月。

お互い社会人として何度目かのボーナスをもらい、少しではあるが貯蓄もでき、親の仕送りに頼らずにお互い生活できてきた。そんなある日、散歩の途中に寄ったカフェで、彼は由香里さんの目をじっと見つめつつ、

「一緒に住もうか」

と、意を決したかのように言った。しかし数秒後には目を逸らして、少しはにかむ。その表情と仕草を見て、彼女、胸がトクンとした。そんな恋の音を聴きながら、やっぱりこの人のことが心から好きなんだなと改めて思った。

「もちろん。私、嬉しいよ」

彼女も少しはにかみつつ、そう返事をした。

そうと決まれば話は早い。次の週末にはインターネットを使い、二人で部屋を探し始める。都内から少し離れても、部屋が広いほうが良いよね。いやいや、離れ過ぎたら遊びも通勤も不便だよ、なんて、着地点をお互い探りながら希望条件に追加。物件を絞り込んでいった。

風呂トイレ別、鉄筋コンクリートで、できれば二階以上……。それと、ウォーク・イン・クローゼットも……。そこまで条件を限定しても、かなりの数の物件が出てく

る。それなら、ということで、相場より数万安い家賃を上限にして、再度物件を絞り込んでみた。

　すると、たった一件だけ、２ＬＤＫの五十平米という広い物件が出てきた。希望より少しだけ都心から離れている。とはいえ同じ条件の家賃相場が十二万円程度の地域にも関わらず、ここは八万円だった。リビングは広く間取りも申し分ないし、収納だって多い。不動産サイトに掲載された写真を見ると、築年数も十五年でそれなりに新しいしきれいだ。しかも、駅から徒歩七分という至れりつくせりの物件。

「ここ良いね！　見に行こうよ」

　彼は目をらんらんと輝かせて言う。だけど彼女は不安だった。家賃のあまりの安さに、これがよく聞く〝事故物件〟というやつなのではと心配になった。

「そんな話をしても雄二が、ここが良いと言って聞かないもので……。不動産屋さんも事故物件ではないですと言うし、結局その物件に住むことになったんです」

　由香里さん、ハイボールをぐいとやったと思ったら、「あーあ」と、周りに聞こえるかのような、わかりやすいため息をつく。

「ほんと災難でした。だって一日目から、おかしなことが起こったんですから」

引っ越しは九月中旬だった。残暑が厳しく、未だに蝉がミーンミンミンミンと鳴いて五月蠅《うるさ》かった。少しでも引っ越し費用を浮かせようと、「焼肉でも驕《おご》るからさ」と、彼が大学時代の友人を数名集め、叔父さんからマニュアルの軽トラを借りた。

二人の荷物が多く、詰み込みは素人の寄せ集めで四苦八苦。久しぶりに乗るマニュアル車はクラッチが難しくて、赤信号につかまって再発進しようとするたびにエンストした。それでも、どうにか夕方過ぎには新居に荷物を運び入れることができ、夜は食べ放題の焼肉屋でドンチャン騒ぎだった。

「あー、今日は疲れたなぁ。ヒック」

友人たちは帰って、部屋には二人だけ。彼は気分が良いのか、珍しくベロベロに酔っぱらっている。

「大丈夫？　雄二」

「ああー、ちょっと飲みすぎたかなぁ、へへ」

「片づけは明日にして今日はもう寝よっか」

「そうだなぁ、ウィー」

そんな様子でわかりやすく酔っ払っている彼。真新しいダブルベッドにダイブしたかと思えば、すぐにぐーぐーとイビキをかき始めた。

「もう、せっかく同棲初夜なのにな」

彼女は心の中でそう呟いた。もう少しロマンチックな夜を期待していたが、引っ越しの疲れもありベッドにそっと入る。


グーグーと雄二さんのイビキが聞こえる中、彼女はしばらく目を閉じていたが真っ暗な部屋の中で一人、ふと不安になった。

本当にこの部屋は、大丈夫なのか?と。

改めて考えても、築は浅いし部屋は綺麗。駅からも近いし、やっぱりこの家賃はおかしいのではと思った。不動産屋、嘘をついているんじゃないか? そんな風に悶々としていると、次第にこの暗闇が怖くなり、顔まで布団をかぶった。

取り敢えず今夜は早く寝てしまおう、そう思ったのだ。


どのくらい時間が経ったのか。顔まで布団をかぶりながら、一定のリズムで繰り返される雄二さんのイビキに誘われ、うつらうつらしていると、

「ぼそぼそぼそ……あはは、ぼそぼそぼそ……へぇ……」

そんな、かすかに聞こえる話し声で目が覚めた。

ビクっと、布団の中で身体が硬直して、夢うつつから現実に引き戻される。さっきまで聞こえていた雄二さんのイビキは今はやみ、ただただ、シーンとした部屋。そこに少し遠くから、

「ぼそぼそぼそ……あははは」

という、細部は聞き取れないが、甲高い声と低い声が聞こえてくる。男女だろうか。

雄二さんは酔いつぶれているようで、起きる気配がない。

布団の中から聞き耳を立てながら、外で誰かが話しているのかなと思った。だけど、しばらく聞いていて、そうじゃないと思って背筋がゾクっとした。

この声は外からかすかに音が聞こえるとき特有の、あのエコーがかった感じが全くしない。声は限りなく小さいが、はっきりと距離感がわかる。

確実にここに、部屋の中にいる。部屋のどこかで誰かがぼそぼそと喋っている……。会話をしている……。

その事実に気づいた瞬間。部屋の中から、

「ドン！」

と大きな音がした。

ついに彼女は我慢できずに、「キャアアアアア！」と悲鳴を上げた。

「えっ、なんだ、どうした⁉」

彼も飛び起きた。彼女は震えが止まらず、何故だか涙がボロボロと零《こぼ》れ落ちる。身体がどんどん寒くなってきた。

異変に気づいた彼がググッと抱きしめ、耳元で「大丈夫、大丈夫」と呟きながら頭を撫でる。彼女は彼のあたたかさに、ようやく心身ともに落ち着きを取り戻した。

その刹那、「ドン！　ドンドン！」とまた音がした。ベッドの上で抱き合った二人は更に強く抱きしめ合って、恐る恐る音のするほうを見る。目線の先には、少しくすんだ茶色の小さいクローゼットがあった。

「あはは……ぼそぼそ……そうだよね……」

と、男女の話し声がする。どうやら、クローゼットの中から聞こえてくるようだ。人が何人も入れるようなクローゼットではないのに。

「俺、見てくるから……」

そう言って雄二さんがベッドから降りて立ち上がる。薄暗い部屋の中、一歩、また一歩とクローゼットに近づいていく。本当は怖いのだろう、歩みはひどくゆっくりで、しかし気づかれないように忍び足で近づいていく。

一分ほど経って、ようやくクローゼットの前に立つ。そして、「フー」と一息着いた瞬間。

「アハハハハハハハ!!」

と、ひときわ大きな女性の笑い声が鳴り響いた。彼はひるまずにバン!と一気にクローゼットを開けた。

数秒後。少しの沈黙の後に、

「誰も……いないよ」

彼がそう言った。だが、依然として「ぼそぼそぼそ……」と、話し声は聞こえてくるのだ。クローゼットを開けたからなのか、さっきよりも随分はっきりと、男女の話し声が部屋に響く。

「ちょっと待って……なんだこれ……」

彼はそう言いながらクローゼットの中でしゃがみ込み、奥のほうをガサゴソと探り始めた。しばらくすると、「ああ、これかぁ」と言って何かを持ってきて、由香里さんに手渡した。

それは、古めかしいラジオ受信機だった。そこから、深夜ラジオ特有の軽快なお喋りが聞こえてくる。どうやら喋っているのは男性のメインパーソナリティとゲストの

女性。ラジオからは、

「いやー、アヤさん、本当にお会いしたかったんですよ！」

「私もお会いしたかったですよ。念願叶いました」

そんな風に、うわべというか何というか、二人の社交辞令のようなやり取りが繰り返されていた。


彼女やっとなんだか安心した。前の住人の忘れ物だろうか。この手のラジオを触ったことがなかったので、スイッチを切ろうと思ったが良くわからない。じゃあってことで、電池を抜こうと電池カバーを外した瞬間、頭の中がぐちゃぐちゃになって、「ひいっ」とラジオを落とした。

中に入っていた単三電池は錆付いていて、液漏れしていたのだ。こんな状態で電源が入るはずがない。それなら、さっきまで聞こえていたあの男女の会話は何だったのか？

次の日、そのラジオと乾電池はすぐに捨てた。液漏れしていた乾電池は異様な匂いがしていて、しばらくは手からその匂いが取れなかった。だけど、捨ててからは、誰かの会話、ラジオの音は聞こえなくなった。

「それからしばらくして私たち、今の家を建てまして。引っ越したんです」

由香里さん、何杯目かのハイボールを飲み干して、火照った顔で言う。続けて、

「引っ越したら、またラジオの音が聴こえてきて。とんだ事故物件ですよ」

と半ば諦めたかのような顔で遠くを見る。僕は、新築なのに事故物件とはどういうことだろう？　そう疑問に思った。


そのラジオの一件から三年ほどして、二人はマイホームを建てた。三十年ローンで買った二人の夢。その頃には、由香里さんのお腹には、新たな命も宿っていた。

豪華なリビングに書斎は勿論、子供のことを考えて大きな子供部屋だって作った。まだ見ぬ我が子、そして愛する人と、何十年もこの家に住んでいくのだ。これから続いていく長い人生を朧《おぼろ》げに想像しながら、由香里さんは幸せの絶頂だったという。


マイホームに引っ越しをして、数ヶ月経ったある日の木曜日だった。少し大きくなったお腹をかばいながら、雄二さんと同じベッドでうつらうつらしていると、

「さあ、今日も始まりました、〇〇ラジオ！」

そんな大きな声がして、彼女、真夜中に目が覚めた。

「今日のお相手は、もう数年来のお付き合いになるアヤさんです！　宜しくお願いします！」

声が聞こえる。あの日あの時間に聞こえたラジオの音のように遠くではなくて、自分のすぐ傍から。

恐る恐る横を見てみると、雄二さんがベッドの上で身体を起こして、部屋の奥のほうを見ている。由香里さんに背中を向けながら、そして、そのまま、微動だにしないまま。

「いやあ、お久しぶりですね！　会いたかったですよ！　アハハハハ‼」

まるでラジオのメインパーソナリティのように彼は饒舌に喋り大声で笑う。すると、目線の先の、誰もいない空間から、明らかに女性の声が聞こえた。

「私もお会いしたかったですよ、雄二さん」

アヤさんって……。

思い出した。あの日あの時聴こえたラジオの、ゲストだった女性。もう数年来の付き合いって……？　あまりの出来事や情報量に頭の中が整理できずにいると、

「由香里さん、あなたもお久しぶりね」

そんなアヤさんの声とともに、顔の目の前から吐息がした。ツーンとする、まるで中年の口臭のような匂いがして、あまりの恐怖に気を失ってしまったという。

次の日、あれは一体なんなんだと雄二さんを問いただすも、

「俺、そんなことしてない」

と、真顔で言われた。

「それからですね、毎週木曜日になると夜な夜な、雄二と知らない誰か……〝アヤさん〟との深夜ラジオが始まるんです」

「雄二は、とんだ事故物件でしたよ。子供もいるし、もう引っ越すこともできませんけどね」

酔いつぶれつつ、諦めたかのようにそう呟く由香里さん。

僕はそれを見て、三十年ローンと深夜ラジオ、そして、真の事故物件の恐ろしさに身震いした。

怪談最恐戦2022のファイナルに出場した12名と、三代目怪談最恐位の夜馬裕、四代目の田中俊行、ＭＣの住倉カオス。

ガチ怖怪談が次々に語られるハイレベルな2022年大会を征したのは、怪談師の伊山亮吉。

怪談最恐戦2022
ファイナル／1st stage

開演後にブロック抽選が行われ、出場者12名が3名ずつの4ブロックに分けられた。Aブロックより最恐怪談が披露された。

Aブロック
三平×2／伊山亮吉／Dr.マキダシ
Bブロック
いわおカイスキー／山本洋介／ハニートラップ梅木
Cブロック
うえまつそう／吉田猛々／毛利嵩志
Dブロック
宮代あきら／ごろー／酒番

知りたい？ 知りたい？

三平×2

この話は、僕と同世代の元バンドマンのAさんが二十代の頃に体験した話だ。

Aさんは当時ビジュアル系バンドを地元で組んでいて音楽活動をしていたのだが、ライブでいつものように演奏していたところ、ある曲のある箇所でボーカルのBさんが歌い出しを出遅れるというミスをしてしまった。

その時は、バンドのメンバーも「まあ次はしっかりやろうよ」ということで収まったのだが、そのライブ以降も同じ曲の同じ箇所にくると、ボーカルのBさんは毎回歌い出しを出遅れる。まあ、とちるらしい。

スタジオ練習では大丈夫だ。しかし、本番では必ずとちる。

それがもう、ずっと続く。

さすがにバンド内でも問題になり「ちょっと一度ミーティングをしようじゃない

か」ということになった。

そのミーティングの時に、Ｂさんが「もうこの曲やめない？」と急に言い出した。

バンドのメンバーが、「それどういうことだ？」と訊くと、

「あの曲を歌ってて、あのところにくると、毎回女の声が聞こえる」

と言う。

「女の声ってなんだ？」

「客席からファンに何か言われているのか？」

「いや、そうじゃない。客席じゃなくてこの辺から聞こえる」

と、自分の目の前のあたりを指す。

「そんなとこから聞こえるって、じゃあ女のなんて言う声が聞こえるんだ？」

「知りたい？　知りたい？　っていう声が聞こえる。毎回それが目の前から聞こえるから、驚いて歌い出しが遅れるんだ。もうこの曲、気味が悪くてやりたくない」

そう言うのだ。

しかし、盛り上がる曲でもあるし、バンドのメンバーは納得ができない。

「やめることはできないよ。お前が間違えないようになんとか頑張ってくれ。次は大事なライブだから、頑張ってこの曲を演奏しようじゃないか」

ということで、その時は話はまとまったのだが……。

次のライブでは念のために、その曲はライブの最後に演奏しようということになっていた。ラスト、その曲が始まって会場は盛り上がる。そして問題のその箇所になった時、ボーカルのBさん、「うわあああ！」と叫び声を上げて、ステージから逃げ出してしまった。

客席もざわついているし、バンドのメンバーもどうすればいいかわからない。でもなんとか演出っぽく見せて演奏をなんとか終えて、ステージを終わらせた。

楽屋に戻るメンバーも、みんな怒り心頭である。

しかし楽屋に入ると、ボーカルのBさんが隅っこでガタガタガタガタ震えていた。

「どうしたんだ？　またその女の声で『知りたい』っていうのが聞こえたのか？」

そうしたらBさんは、青い顔をして言う。

「違う、そうじゃない。今日いつものあの場所で、あの箇所を歌ったら『わたし』って聞こえたんだ」

それを聞いたバンドのメンバーもゾッとした。

というのが、いつもいつも毎回その声が聞こえるという問題の箇所は「俺を殺すのは誰だ」という歌詞だったらしい。

その度に「知りたい？　知りたい？」と聞こえていたのだ。

ところが今日はとうとう、女の声が「わたし」と言ったので、ボーカルのBさんはパニックになってしまい、歌をやめて楽屋に逃げ帰ってしまったという。

結局その後、その件もあってバンドは解散してしまい、Bさんは音楽活動をやめて地元で就職したという。Aさんは別のバンドで音楽活動を続けていたが、ずっと引っかかっていた。

（本当にそんなことってあるのか？）

それから何年か経って、当時、自分たちと同世代で活動していた他のバンドのメンバーと会う機会があり、居酒屋に行って飲んで昔の話で盛り上がっていた。

そうしたら、そのバンドのメンバーが、

「しかし、お前のバンド、もったいなかったよな、人気も出てきてたのに」

そう話を振ってきた。

「そうだな、まあいろいろあってさ」

「結構人気もあったし、客も固定しててさ、毎回毎回お前らのライブに通ってる熱心なファンもいたよ。俺憶えてるもん。最前列にいた、真っ黄色の服の女の子。あれ、いつもお前らの出るライブには必ず来ていたもんな」

それを聞いてAさんは（えっ？）と思った。

（見たことないな、そんな客）

大体ビジュアル系バンドを見に来るようなお客さんというのは、黒系の服を着ている人がほとんどなので、そんな黄色などという目立つ服を着ていたら絶対わかるはずだ。しかも最前列にいたというが、そんな女の子、見たことはないし、バンドのメンバーからもそんな女の子の話題が出たことは、一回もなかった。

その話を聞いてAさんは、やっぱりBが言うように、何かがいたんだなと思い、

（もしあの場でバンド解散せずにそのままバンド活動を続けてたら、Bのやつどうなってたんだろう？）

と改めて、ゾッとしたらしい。

霊感

伊山亮吉

僕は、霊感は誰でも持っている、と思っている。

強いか弱いかの問題だけであって、この霊感にも種類があると思う。

人によってははっきり見えるし、人によっては匂いでわかったり、もしくはそういう危ない場所や心霊スポットに行くと具合が悪くなる、ということでわかったりする人もいる。

これからするのはまさにそういう話で、聞かせてもらったのは新宿で知り合った美容師の方。仮にＡさんとするが、この方が怪談を大好きで、僕も彼といっぱい怪談を話した。

Ａさん曰く、

「そういう危ないところに行くと、具合が悪くなって（ここ危ないんだな）と気づく」

という。そんな体験談をいくつも持っていたので「何か印象的なものありますか？」

と訊くと、「一番怖かったのはね……」そう言って、聞かせてもらった。

今から十数年前のことだ。

当時、Aさんは北海道に住んでいた。

二十歳くらいの時に、周りの友達が「心霊スポットに肝試しに行こうぜ」と言い出して、Aさんも誘われた。

でもAさんは、そういう場所に行くと具合が悪くなるとわかっているので断ると、周りが面白がった。

「なおのこと来いよ。じゃあ、お前がアンテナ代わりになるじゃん」

「やめてくれよ、ほんとに無理だから」

「いや、行こうよ、行こうよ」という感じで回りは囃《はや》し立て、そこに先輩も加わってきて言った。

「俺も行くからお前も来いよ」

先輩から、そう言われたので断るに断れない。

仕方なく、心霊スポットに肝試しに行くことになったという。

どこかというと、北海道の炭鉱跡地である。周囲に炭鉱街があって、全部廃墟になっているという。

まさに、そこら一帯が心霊スポット、そういう場所である。

車に乗ってそこに向かった。

近づくにつれて、もうAさん頭が痛くなってきた。

(これ絶対やばいな)と思う。

「やめようよ」と言っても周りはまったく聞いてくれない。

そしてとうとう炭鉱街に着いた。

頭が割れるように痛い。

誰も気にせず歩いていく。そして、とうとう炭鉱の入口に着いた。

目の前に、黒い穴がぽっかりと空いている。

そこに一人ひとり入っていき、(行きたくないなあ)と思って最後まで残っていたAさんも、もう行かざるを得ない。

内部に一歩足を踏み入れた瞬間、

「うわああ!」

と叫んだ。

足に激痛が走ったのだ。

先に行っていた人たちはそれを聞いて「どうした、どうした?」と集まってきて、ライトで足元を照らすのだが、変なところは何もない。

特に何かが引っかかったわけでも、つまずいたわけでもない、しかし、激痛がやまない。

「わあ、痛いい」

喚《わめ》いていると、周りがそれを見て急に冷めたようで、

「そんなに痛いならわかったよ、もう。帰ればいいんだろ? わかったよ、帰ろう」

そう言って、外に停めた車に戻りはじめた。

Aさんは演技ではないので、「本当に痛いんだ」と足をひきずりながら車に戻る。

車に乗り込んでもまだ痛かったので、先輩が「そんなに痛いんなら、ちょっと足見せてみろ」と言う。

「はい」とうなずいてAさんはズボンをガーっとたくし上げた。

Aさんの脛には誰かが噛んだ痕、人の歯型があった。

これが、かなり深く、肉がえぐれている。

骨が見えるほどの傷から血がタラーっと出ていた。

みんなそれを見て「うわあああ」と叫んで帰ったという。

翌日、当然Aさんは病院に行った。傷を見た医者は困惑している。

「これ、何があったんですか?」と。

「いや、心霊スポットに行って――」

「何かに噛まれたわけじゃないんですか? これ、我々からすると明らかに人の歯型です。それ以外言いようがありません」

そう言われ、治療が始まった。

ただこの傷が全く治らない、癒えないという。

一ヵ月が経ったが、まだずっと痛い。しかも、どんどんと傷跡が膿んできた。

そのタイミングで、Aさんは東京に行く用事があったという。

新千歳空港に行って飛行機に乗って東京へ向かうのだが、飛行機が離陸した瞬間に(あれ?)と思った。

急に足の痛みがひいたのだという。無事、東京に着いて、用事を終えて北海道に戻ってきた。

そこからやっと傷が治り始めた。(あれなんだったんだろう)と思っていた時、(あ!)と理解したという。

「伊山さん、僕、炭鉱に行った時に何かに噛みつかれたんですけど、多分、飛行機が離陸するまで、それはずっと僕に噛みついたままだったんですよ。だから治らなかった。でも飛行機が飛ぶことでやっと振り落とせたと思うんですよね。それに気づいた時、僕もう一度怖くなったんです」

そういう話を聞かせてもらいました。

刻まれたプリクラ

Dr.マキダシ

　フミヤさん、中学校の頃は結構やんちゃなグループの一員だったようで、学校が終わるとカラオケやゲームセンターに毎日、夜までたむろしていたという。

　そんな彼がある日、いつも行っているゲーセンに行ってみると、見慣れないものが落ちていた。

　掌《てのひら》くらいのサイズのビニールの小さな袋で、チャックがついていて、中に何か入っている。

　危ない薬でも入っているのかなと思って開けて見てみると、中にはなんとプリクラが入っていた。

　ゲーセンだからプリクラが落ちていること自体は変ではないのだが、そのプリクラ、幅が一ミリから二ミリぐらいに細かく裁断されていたという。

（気持ち悪いな）と思ったのだが、興味本位で（誰が写ってるプリクラなんだろう）

と、じいっと見てみる。

裁断されているので断片的な情報なのだが、髪の色や化粧のかんじから、大体同じぐらいの年代の中高生の女の子が一人で写っているプリクラではないか、とわかったっていう。

何を思ったかフミヤさん、それを家に持って帰って机の引き出しにしまった。

その晩からだという……。

フミヤさんが夜寝ようとすると、枕元に誰かが立っている。

パっと見ると姿形は見えるのだが顔がうすぼんやりしており、解像度が低くてよく見えない。

でも直感的にわかったという。

（あ、プリクラの子が会いに来てくれたんだ）

フミヤさん、何かうれしかった。

それからは夜、眠ろうとするとその子が枕元に立っていることがある。

それどころか、その子が部屋に出現する頻度が、日に日にちょっとずつ増えていく。

長い時間、たたずんでいることもある。

とうとうフミヤさんは、心を開いてその子と会話をし始めた。

といってもその子、首を縦に振る、横に振るだけで言葉を発しないそうなのだが、フミヤさんはそれがどんどんどんどん面白くなってしまい、学校に行くのも友達とつるむのもやめて、ずっと部屋に引きこもってその子と会話をし続けたという。

両親も、フミヤさんがいきなり引きこもりだして、誰かと話を始めたものだから心配していた。

両親と二つ上のお兄さんは毎日「お前大丈夫か？　誰としゃべってるんだ？　ちょっと病院とか行ったほうがいいんじゃないか？」と説得するのだが、フミヤさんはまったく聞く耳を持たない。

そして、そのまま三年が経ったという。

フミヤさんは高校も受験せずにずっと部屋で引きこもって、時折誰かと会話をしている。

もうしびれを切らしたお兄さんがある日、

「お前、ほんといい加減にしろ」

と、部屋の中に入ってきて言った。

あまりのお兄さんの気迫に、フミヤさんはこれまで誰にも話していなかった、あのプリクラの件を話してしまった。

お兄さんはそれを聞くと顔が真っ青になって、

「お前、それは絶対によくないものだろ」

そう言って、引き出しの中にあるプリクラを取り出すと、

「お前がこれを持ってるのはよくない」

と、そのまま家を飛び出してどこかへ行ったっていう。

ところがその日、お兄さんは交通事故に遭ってしまう。

幸い足の骨を折っただけで命に別状はなかったそうなのだが、フミヤさんも心配になって両親と一緒に病院にお見舞いに行くことになった。

久しぶりの外出であったことと、お兄さんに対して申し訳ないという気持ちもあって、その病院に向かうタクシーの中で初めて、もしかするとここ数年、自分のやってきたことはよほどおかしなことだったんじゃないか、と気づいたという。

病院に着くと真っ先にお兄さんが、

「おい、お前の持ってたあのプリクラ、俺しっかり見たけどな、お前は一人の女の子の写真だって言ってたけど、あれは複数の女の子のプリクラを細く刻んで一つにまとめたものじゃないか。お前の部屋に出てるっていう女の子、一体誰なんだ?」

結局、そのプリクラの切れ端はしっかりとお祓いをしてもらい、それによってなのか、フミヤさんの部屋からその女の子は出なくなった。


しばらくして私は、フミヤさんにその後どうなったかを直接電話で聞いてみました。

そうしたらフミヤさん、こんなことを言っていました。

「いやあ、あれから女の子、消えちゃったんだけど、今年に入ってね、またちょっと出るようになったんですよ。でね、今回は、なんだか日に日に女の子の顔の解像度がちょっとずつ上がってきてて、僕ね、あの子の正体がそろそろわかるような気がするんです」

そんなことを電話越しに教えてくれました。

僕、その話を聞いてすごいげんなりしちゃったんですけど、一番嫌だったのはフミヤさん、その話をしている間、何か作業をしているんですよね。

ショキ、ショキ、ショキ……

電話越しに、何かを細かく切り刻むような音がずっと聞こえていました。

フミヤさん、もしこの先、あの女の子の顔がはっきりと見えてしまったら、いったいどうなってしまうんでしょう。

私の好きな人

いわおカイキスキー

僕の知り合いに、サヨコさんという女性がいる。

今三十五歳で、非常にスポーティで褐色の肌がきれいな健康的な方。

そのサヨコさんに「実は私紹介したい人がいるの、いわお君」と言われて久々に会おうという話になり、地元のファミレスで落ち合うことにした。

そのファミレスに行ってみると、サヨコさんしかいないんですよ。

（あれ、なんでかな？）と思って、少し違和感を持って席に座った。

僕は驚いた。

その紹介したいという人の話より、サヨコさんご自身に。

あんなにスポーティで健康的だった褐色の肌が、今は青味がかった真っ白い色になっていて、体はガリガリに痩せているし頬はこけて見えたのだ。

「大丈夫ですか、サヨコさん」と僕は訊いてみた。

そうすると、

「大丈夫も何も、私好きな人ができたから」

「えっ、来てないですよね」

「ううん、もうすぐ来るから」

そう言ってその、紹介したいという好きな人との馴れ初《そ》めを僕に話してくれた。


とある日の会社の帰り道だったそうだ。

ふっと上のほうから視線を感じて見てみると、十メートル先ぐらいのアパートの二階の窓が開いている。

そして、そこに坊主頭でガリガリに痩せた、真っ白い肌をしたランニングを着ている男が立ってた。

じいっとこちらを見ているという。

夜だったし不気味だった。

（なんだろう、あの人）

そう思って目が合ったら突然、体が動かなくなって声も出なくなった。

（え？　なんなの、あの人）

しばらく見つめ合っていると、その男の口がニカーっと笑ったと思ったら、

「おわわわわ、おえええええ……！」

口からボトボトと吐き出した。

吐瀉物がアパートの二階の窓から一階に、ボタボタボタボタ落ちていく。

「おえええええ、おえええええ……！」

その間も男は、下も見ずに彼女のほうをじいっと見ている。

しばらくその男、吐き続けたと思ったら最後には、

「うははは、あはははははは……！」

と笑っている。

吐瀉物が下に落ち切った後、ツーンとサヨコさんの鼻に胃液の酸っぱい臭いがしてきた。

その瞬間、男はスッと消えて、サヨコさんの体は動くようになったのだという。

(見ちゃいけないものを見た)

そう思ったのだけれど、なぜだかその次の日から、そのアパートの二階の男のことが気になり始めたという。

(今日は見れないかな、今日も会えないかな)

そう思いながら毎日、会社の帰り道でアパートを確認するようになったのだが、窓は閉まっているし部屋も暗い。男はいない。

こうなってくると、何日か経った頃には不思議とこんなことを思った。

「もうあの人に会えないのかな」

なんだか寂しい気持ちになったという。

1Kのマンションに彼女は住んでいたが、その日、家に帰ってきた時のこと。

(会えないなあ)と思いながら寂しい気持ちでドアを開けたら、自分の部屋からツーンとあの胃液の臭いがしてきたという。

(ああ、なんなのこれ?)と、消臭剤であわてて臭いは消したのだが、その日から始まったのだという。

自分が寝ている頭のすぐそばにあるベランダの外から、

「うえええ、うええええええ……!」

吐いているような男の声が聞こえてくる。

すぐに起きてベランダの窓を開けて見るが、そこには男の姿はない。

(ああ、今日も会えなかったな)

そんなことを思う毎日がまた続いた。

サヨコさんは、ここまで話すと、

「ごめんなさい、いわお君」

口に手をあててガタッと席を立つと、そのままファミレスのトイレに走っていく。


(大丈夫かな?)と思って見ていたら、数分して戻ってきた。

戻ってきて席に座ると、ツーンと酸っぱい胃液の臭いが僕の鼻に届いてきた。

「サヨコさん、吐いたんですか?」

そう訊くと、

「うーん、あれからよく吐くようになっちゃったんだけど、でも吐くとね、あの人が背中さすってくれるのよ。もう大丈夫だよね、つらいよね、でもね、もうすぐ終わるから大丈夫だよ大丈夫、って私の耳元でささやいてくれるの。私、あの人のことが好きになっちゃって」

そう言って、にっこりと僕に微笑《ほほえ》んだ。

「サヨコさん、それまさかもう……」

「うん、しばらく前から来てるよお」

そう言ってサヨコさんはトイレのほうを見たので、僕もゾクッとしながらそろりそろりとトイレのほうを見た。

そうすると一瞬――一瞬だが、なんとなく坊主でガリガリのランニング姿の男、その姿がフッと見えたような気がした。

調べてみると、あのアパートの二階では何人もが亡くなっている、そんな事故物件なのだそうだが……。

魅入られちゃったんでしょうねえ、サヨコさん。

僕はね、サヨコさんに幸せになっていただきたいんですよ、できれば普通の男性と。

誰かいい方、サヨコさんとお付き合いしてくれませんかね。

そんな不思議な東京都青梅市であったお話でした。

写真屋さん

山本洋介

私にとってはよかれと思ってのことだったんですよ。

コロナの影響で仕事がなくなったという方も多いかもしれない。

私が昔からお世話になっていた、街の写真屋さんをやっているコハタさんという五十代後半になる男性も、同じように仕事がなくて困っていた。

で、私も会社で昇進できたので「仕事紹介しますよ」って。

「以前やっていた葬儀の写真撮影、コハタさん辞めたんですよね。私が改めて紹介するんで、撮影やってみませんか」って言ったら、

「俺が辞めた理由言ってないからわかんないかもしんないけど、ちゃんと理由あったんだよ。でも背に腹は代えられねえから」と、復帰してもらった。

ただね……復帰してすぐに自宅で首を吊って自殺した。

コハタさんの葬儀の二日後、私の自宅に一通の手紙が届いた。

送り主はコハタさんだった。

内容は遺書というか告白というか、そういった内容が書いてある。

具体的に言うと、なぜ葬儀の写真撮影を辞めたのか、やりたくなかったのか、それが書いてある。

手紙には「先代、先々代とともに、隠し撮りで、遺体の顔写真をバレないように撮っていた」と書いてある。

遺体の顔写真が好きでやりたかったというわけではない、なぜかやってしまうのだという。復帰した葬儀の現場でも、隠し撮りしてしまったという。

そして先代、先々代も自殺してしまったのだが、コハタさんも同じように自殺をしたいと思っている。

そういうような内容だった。

そして隠し撮りしてきた遺体の写真は「うちに代々極秘で伝わることなので、唯一残った肉親である一人息子には伝えたくない。だから、今までコレクションしていたその写真を処分して欲しい」とある。金庫の暗証番号まで書いてある。

ただ運命というのは残酷なのかもしれない。

一人息子のコウヘイさんが発見してしまったのだ、このコハタさんの首吊りした瞬間を。

コハタさんの一人息子のコウヘイさんは、海外で写真を撮る仕事をしている。

それは、たまたま日本に帰ってきたタイミングだった。

帰ってきてリビングの扉をガチャッと開けると、部屋の中には無数の照明がズラッと並んでおり、中央に三脚が一台ポンと置かれていて、そこにカメラが付いている。

そのすぐ前には天井の梁からロープが一本吊るされており、その先にお父さんがぶらさがっていた。

足元は、もう足は床についていないのだが、水たまりができている。カメラから延びたシャッターを切るリモートスイッチの線が、その水たまりに落ちていたという。

コウヘイさん、お父さんが最期に一体なんの写真を撮ったのだろうと思って、カメラのデータを確認してみたという。

そうしたら、その中身はお父さんが今まさに首を吊る瞬間、満面の笑みで写っていたという。

私、このコウヘイさんにコハタさんの遺書を見せるかどうかを正直、悩んだ。

なぜなら「伝えてほしくない」と書かれていたのだから。

それでも、よかれと思って伝えることにした。

すると、このコウヘイさんには心当たりがあるという。

写真が保管されている場所、コレクションされている場所に心当たりがある。

小さな頃から絶対に近づくなと言われていた倉庫に、きっとあるのだと。

「だから一緒に来て欲しい」と言われて、私も見に行くことになった。

その倉庫は、もうボロボロなのだが、錆びついた扉があって南京錠が付いている。

鍵を持っていなかったのだろう、コウヘイさんはバールで思いっ切りバーンと鍵を壊した。

イイイッという嫌な音を立てて中に入ると、年季の入った機材がズラッと並んでいて壁に一箇所、意味深に布がかけられているところがある。

（なんだ？）と思ってバッとめくると、そこには壁に埋め込まれる形で古いダイヤル式の金庫がある。

手紙に書いてあった番号をカチャカチャ、カチャカチャカチャと回すと、コウヘイさんが扉をガチャッと開けた。

その瞬間、バババババババ……写真が散らばった。

私はその様子を後ろで見ていた。

足元に散らばった写真を思わず拾って見てみたら、明らかにコウヘイさん、コハラさんの親族だと思われる同じような顔つきの人物が、まさに今、首を吊る瞬間の写真ばかり――。

全員が満面の笑みで写っている。

（えっ？）と思って見入っていると、近づいてくる……コウヘイさんが。

私に近づいてきて、こう言った。

「いや実は秘密にしてたことがあるんですけど、海外で普通に写真撮ってたわけじゃないんです。戦場カメラマンやってるんですよ。タマゴやらしてもらってる。ちっちゃい頃からなぜそういう写真の仕事をしたかったのかわかんなかったけど、今わかった気がします。ありがとうございます、山本さん」

私がやったことというのは、果たしてこれでよかったんでしょうか。

非・事故物件

ハニートラップ梅木

この話は、「事故物件」といわれるものが建物に影響を及ぼすのか、それとも土地そのものに染み付いてしまうものなのか、ということを僕も考えさせられたという、そんな話である。


話を聞かせてくれたのは、Ｔさんという建築会社で働く三十代の男性。

この方が結婚を機に、ある場所に家を買った。

ただその家は一家心中の起きた、いわゆる事故物件だった。

この一家心中というのは、旦那さんが首を絞めて家族を殺してしまった後に自分も首を吊ったという事件。

ただ、Ｔさんが新しく買った家というのは、その土地は同じなのだが上物を全部取り壊して新しく上に建てた家、だから厳密にいうと事故物件ではない。

そういうこともあって、Tさんはあまり気にすることもなくそこに住んでいたそうだが、住み始めて数日経った頃から変なものが見えるようになったという。

寝室には妻と自分の二台のベッドがあるのだが、そこに薄暗い照明がついている。夜中にパッと目が覚めると、妻のベッドの横に知らない男が立っているという。その男はいかにも体調が悪そうな青白い顔をしていて、スーツを着て立っている。不精髭が生えていて、汚い感じがする。

（泥棒じゃないか）と一瞬、思ったそうだ。

ところが体を動かそうとするにも体が動かない、ウっと固まったまま動かない。そのまま、その男は妻に近づいていく。

（これ、危ないぞ）と思ったものの体が動かない、どうすることもできない。

妻への行動をじっと見ているしかなかったのだが、その男は妻の上に馬乗りになった次の瞬間、妻の首をグーっと絞めていった。

男の指が妻の首に食い込んでいく。

その瞬間、妻はぐっとのけぞって「くかかかか……」と、呼吸が漏れるような音とともに口から沫を吐き出したという。

そして首を絞められている手をなんとかどかそうと、妻は必死に男の手を押さえる。

ぶるぶるぶると震えながらその手をグーっと持つのだが、男は全力で締めている。次第に妻からは力が抜けていって、最後は歯がガチガチガチガチ……と音をたてながら震えて、妻は自分のほうを凝視したまま力が抜けて亡くなってしまった。

その瞬間、自分も意識を失ったというが、気がついたら朝になってた。

（あ、夢だったんだ。よかったな）と思ったそうなのだが、翌日もその次の日もまた同じような夢を見るという。

その夢を繰り返し見続けたある日、夢に異変があった。

同じように手が妻の首に伸びて、グーっと苦しそうな顔をしている。

でも、今までは妻の横顔を自分は隣のベッドから見ているというアングルだったのだが、その日は妻の顔を見下ろしている。

自分が妻の首を絞めているのだ。

グーっと手が食い込んで（こんなことしちゃいけない）と思うのだが、なぜかこの自分が見ている妻が亡くなる寸前の顔、それがとてもきれいに見えたという。

（危ない！）と思った瞬間に目が覚めたが、奇妙なことに、自分が寝ていたのは妻のベッドだったという。

（これ、いつか自分が殺ってしまうんじゃないかな）

そのことが頭にずっと残るようになったのだが、それからは夢ではなくても、起きている時でも妻の姿を見ると、

(俺が急に首を絞めたらどんな顔するんだろうか？　信じてたものに急に首を絞められたら、どんな目で、どんな気持ちで亡くなっていくんだろうか？)

そんなことを想像したら、だんだんその気持ちを抑えられなくなっていったという。

(これは危ない)と、実家に帰って、しばらくその家に近寄らなくなったりお祓いを頼んだりとかしたのだが、一度自分の中に染み付いた衝動っていうのは消えなかったそうだ。

(このままでは妻を殺してしまう)

そう思い、意を決して妻に話をした。

「今までこんなことがあって、このままではお前を殺してしまうかもしれないから離婚させてくれ」

すると妻は、驚いたことにすぐに受け入れてくれた。

「ああよかった。私も同じ夢を見てて、あなたのことを殺しそうになってたの」

そこまで話してTさん、最後僕にこう言った。

「でも離婚してよかったですよ。いやあのままだと、僕は愛する人を殺してみたいっていう衝動が絶対に自分の中から消えないと思ったんですよね。あのままじゃ僕、多分ね、妻を殺してしまってたと思います。これから僕、ペットや動物のことだけ愛していこうと思います」

そう言ってTさん、にっこりと笑った。

部室棟

うえまつそう

普段僕は高校の体育の先生をしているのだが、これは以前に働いていた高校でムラカミ先生という体育科の先生から聞かせてもらった話だ。

村上先生は現在四十代後半なのだが、まだ二十代の頃に勤めていた高校でサッカー部の顧問をしていたという。

とある暑い夏の水曜日、真夏には珍しく朝から晩までザーっと土砂降りの大雨が降っていたので、校庭はもう水浸し。

「これはもう部活できないよね」ということで、野球部もテニス部も陸上部も部活をやっていなかったのだが、サッカー部は次の日曜日に大事な試合があるということで、ずぶ濡れになりながらも練習をしていた。

夕方になって、生徒たちは全員下校した。

その後に村上先生はサッカー部の部室の鍵を閉めようと一旦職員室に行って、部室棟のマスターキーを持ってまた校舎から出た。

傘をさして、ザーっとまだまだ大雨が降っている中、校舎の裏にある薄暗い部室棟の奥に進んでいく。

そしてサッカー部の部室のドアをガチャっと開けると、正面の真っ直ぐ奥には灰色のロッカーが並んでいる。

その一番左側のロッカーの扉だけ、数センチ開いていたのだそうだ。

そして、そこから一つだけ、目玉が覗いていたという。

「うわああ！」

さすがにびっくりしたのだが、次の瞬間（やっぱりイタズラだろうなこれ、生徒のいたずらだ）と、ロッカーの扉を全開にした。

「早く帰りなさい」と言って、ガチャッと開けた。

ところが開けても誰もいない。

次の瞬間、今度は入り口のほうから、

ドン！

何か入り口のドアを蹴るような、叩くような音がしたので振り向くと、今閉めたはずの部室のドアがまた数センチ開いている。

そしてまたそこから一つだけ、目玉が覗いているという。

しかしさっきと違うのは、その隙間から髪の毛も顔も体もうっすらだが見えている。

薄暗い中でそれがサッカー部のユニフォームを着ているのが見えたので、

「なんだ、やっぱり生徒のいたずらかよ」

そう言って近づこうとした瞬間、入り口のドアがまたギイイイっと開いていった。

すると、隙間からそのユニフォームを着た生徒がスーッと平行移動してきたので、
その姿がすべて見えた。

その途端、生徒は首が折れるように曲がって、生徒の目玉が両方ともズルズルズルズルズル、ボトッと――。

落っこちた。

目玉があった場所は真っ黒にくぼんでいる。

ムラカミ先生、もう怖くて動けない。

するとそのくぼみからまた目玉が生えてきて、
ズルズルズル――ボト、ズルズルズル――ボト、ズルズルズル――ボト
何度も何度も永遠に目玉が落ちていく。

そして下に積み重なっていって、塊を作っていった。

（怖い怖い、どうしようどうしようどうしよう）

しかし一瞬、我に返って、

（逃げなきゃいけない、そうだ後ろにある窓から逃げよう）

ガラガラガラと後ろの窓を開けると、そこからそのまま一目散に、ムラカミ先生は逃げて家に帰ってしまったという。

なんとか帰宅して、少し落ち着いていた頃に気づいたのが、

「マスターキーを持ってきちゃった。ああ、部室の入り口も窓も閉めてない。どうしよう、今から行くのは怖いなあ」

ということで次の日、朝早くに起きて、誰よりも早く学校へ行った。

荷物を置いてマスターキーを持って、部室棟へ向かっていく。

昨日とは打って変わってきれいな青空、そしてたくさんの蝉が鳴いている真夏日だったのだが、昨日の大雨もあって部室棟の外廊下のコンクリートはまだ濡れていた。

ピシャピシャピシャピシャと歩きながら、

「昨日のは気のせいに違いない、俺が疲れてたから幻を見たんだ。そうに違いない、そうに違いない……」

そう思い込み、そして言い聞かせながらサッカー部の部室に向かっていくのだが、どうやら奥に見えるサッカー部の部室の前だけコンクリートの色が違う。

近づいて見てみると、昨日のズルズルボト、ズルズルボトと落ちていたその目玉の塊があったところ、そこだけがなぜか乾いていて、濡れていなかったそうだ。

あのサッカーのユニフォームを着た生徒が何者だったのか、いまだにわかっていないのだが、ムラカミ先生はその後に赴任する学校には、

「決してもうサッカー部の顧問にはなりません」

とそう断言している。

夫の家系

吉田猛々

この話は、Ａさんという五十代の男性が三十代の頃に体験したという、今から二十年ほど前の話である。

このＡさんというのが、ちょっと変わった仕事をしていた。

その変わった仕事っていうのが、家系図を作る仕事だった。

戸籍を調べて装丁して掛け軸のようなものにしてお渡しする、そんな仕事をしていたある日、五十代と思しきご夫婦の方がいらっしゃった。

家系を調べて家系図を作ってほしいと。

「わかりました」と返事をしたのだが、話だけ終えたら旦那さんのほうが、

「じゃあ妻に全部任せたんで後はよろしく」

と言って、行ってしまった。

（なんか若干横柄なかんじがする人だな）とAさんはその時に思ったらしいが、奥さんのほうが、

「すいません。うちの夫、本当は家系図なんて作りたくないんです」

「え、どういうことですか？」

と訊いたら、取引先の社長の趣味に従ってるだけで、取引先の社長が「家系図はいいぞ。自分のルーツを探るのはとてもいいことだから、君もやってみたまえ」と言われてやっているだけだという。

「いつもお墓参りもしないし、法事とか法要も行かない。そういう人なんですよね」

その旦那さんは、すごく体が大きいので、何かやっているのかと訊くと、

「昔ボクシングをやっていて、ボクサーのプロテストも受かったが、視力が少し弱くてすぐやめてしまった」

など、そんな話を聞いた後に「じゃあわかりました、家系図作りますね」となった。

色々と戸籍などを調べている途中で、Aさんは納期が遅れそうだと思い、その奥さんに電話をかけた。

「すみません、約束した期日よりちょっと遅れてしまうんですけど」

そう言うと奥さんが答えた。

「いえ、全然大丈夫ですよ。うちの夫、趣味変わったんで」

「え？」

「今は登山なんです」と。

取引先の別の社長の趣味が登山だとわかり、興味がまた変わったと。

「山はいいぞ。山に行ってね、二人で写真でも撮ったら？　妻との関係も昔みたいによくなるぞ」と言われたそうだ。

「だから、家系図はもう遅れても大丈夫です」

「ああそうなんですね」

そして奥さんと軽い世間話のようになり、こんな話を聞いた。

「この前、夫に山に連れていかれました。その時に夫は、頂上で写真さえ撮ればいいんだ、そこに行くまでの道中っていうのは正直興味がないって」

ものすごく機嫌が悪かったそうだ。

そして山の中腹で、「ちょっと疲れた、休む」と言ってリュックサックをバンッと乱暴に置いたところに、石塔のようなものがあったらしい。

賽《さい》の河原で石を積むようなかんじで高く積み重なっているものが三つあった。

それにリュックサックを置いたら、一つが壊れてしまった。

奥さんはちょっと霊などを感じることができる方だそうで、よくないと思って、

「あ、ちょっとそれまずいですよ」

と言ったら、

「うるさい！」と、もう一個あった石塔も足で蹴とばしてしまった。

その時に、その石の上から湯気のようなものが上がっているのが奥さんには見えたらしい。

（あ、これ多分怒ってるんだな）と、ちょっとその時に感じたという。

「そんなことがありました」と奥さんと話をして、その後、無事に家系図の掛け軸はでき上がり。お渡しをして、仕事は全部終わった。

それから数年経った頃、Aさんは街中でばったりと奥さんと会うことがあった。

Aさんのことを憶えていてくれて、

「あの時、家系図でお世話になって」

「ああそういえば」とちょっと立ち話であいさつしたところ、その奥さんというのが生き生きして見違えるほど元気なのだという。

実はもう離婚したと。

「子供が三人いたけど、私、後妻なんです。三人とも元夫の連れ子なんで、今は結構自分の中ではさっぱりした感じなんですよね」

「ああそうなんですね」

「でも、その三人にちょっと不幸がありまして……」

離婚した後、旦那さんのところに残った三人のお子さんに不幸があった。

簡単にいうと、一人が失踪して、二人が亡くなってしまったらしい。


その話を詳しく聞いた時に、Aさんは（これって、あの法則があてはまるんじゃないかな）ということに気づいた。

「縦横の法則」というもので、先祖を表す「縦」の線と現世を生きる子孫の「横」の線というのに、不思議な因果関係があるらしい。

簡単に説明すると、例えば三兄弟で生まれた場合というのは、長男はひいおじいちゃんと、次男はおじいちゃんと、三男はお父さんと同じ運命を歩みやすくなるという。

これは統計学でもあるのだが、奥さんも、夫の家系と三人の子供の運命が合致しているることに気がついたという。

長男は会社の金を使い込んで蒸発してしまった。

ひいおじいちゃんは認知症を患って、雪の日に外に出て行方がわからなくなっている――ということで一致している。

次男は川で溺死している。

おじいちゃんは海で溺死――ここも一致している。

三男はアパートで寝ていたところ、隣の部屋からのぼやで焼死した。

では、お父さんは今どうなっているのか。

離婚した元夫というのは、今現在は元気だという。

ここだけあてはまってないかなと思ったのだが、その旦那さんが昔やっていたというボクシングでピンと来た。

人間は焼死の場合、体をグーっと縮める。

これは熱の収縮作用で、人間って伸ばす伸筋よりも屈む屈筋のほうが強いから、どうしても防御をとるような体勢になってしまうのだ

そして、その状態を鑑識の用語で「ボクサー」と言う。

――気持ち悪い符合を見せていたな。

これっていうのが家系によるものなのか、あの時三つあった石塔の二つを蹴飛ばしたから二人が亡くなってしまったのか、それとも単純に先祖供養が足りなかったのか。

その三つのどれだかはわからないけども、とても気持ちの悪いお話でした。

水辺に近寄るな

毛利嵩志

ヒカワさんは四十年ほど前、四国のとある山寺で雑用の仕事、いわゆる寺男をやっていたのだそうだ。

そしてある年の夏、住職に呼ばれて、

「女の子をしばらく預かるから、閉じ込めておいてほしい」

そう言われた。

「はあ?」ってなって話を聞いたら、

「悪いものが憑いているから、お祓いをするのだ」

と言う。

ただ、心霊とかお祓いに対する考え方というのは、宗派によって全然違う。

「この寺にはそのノウハウがないから、本山から偉いお坊様に来ていただく。我々はそのお相手をするから、お前は女の子の面倒をみてくれ」

そして、中学生のマユミさんという子が来たのだが、いたって普通の子であった。

まさか物置に閉じ込めるわけにいかないから、離れに入ってもらう。

で、話を聞いたのだが、彼女は自分に何が取り憑いているのかわかっていない。

ただ、青いお坊さんの夢を見たと言う。

「全身真っ青の坊さんが、わたしをじいっと見ているんです」

その話を両親にしたら、ここに連れてこられたと言う。

一方、ヒカワさんは住職から「あの子を絶対に、水辺に近づけてはいけない」と言われていた。

「はあ」

「お坊様が明日到着するから、今夜は寝ずの番をしてほしい」

そう言われて、ヒカワさんと若い後輩のマツモト君と二人で、離れの入り口に座って、夜通し寝ないように話をしていた。

すると夜中の二時か三時頃、マツモト君が「今、鈴の音しました?」と言った。

「は？　なんにも聞こえなかったけど」

「いや、しましたよ。中から聞こえました」

「中から？」

もうとっくにマユミさんは寝ているはずなのだが。

嫌な予感がして襖をスッと開けてみたら、彼女がいない。

窓が開いている。

「え？」となって、トイレも探したがいない。

真夜中の山中で「どこへ行ったんだ？」となったが、水辺に近づけてはいけない、という話を思い出した。

「最寄りの水辺……。裏の人工池だ！」と、二人で急いで走っていった。

そこには、月明かりに照らされたコンクリートの溜め池がある。

そのほとりにマユミさんが立っている。

「おーい！」と声をかけた。

マユミさんには聞こえているはずだ。それなのに、彼女は全然ふり向かず——お経のようなものを唱えながら、水の中に入っていった。

「うおおお！」

二人であわてて飛びかかって引っ張ったが、ものすごい力で水の中へと進んでいく。

なんとか引きずりあげ押さえつけたが、彼女はずっとお経を唱え続けていたという。

そのマユミさんに、後から話を聞いたそうだ。

「真夜中に、シャンッ、という大きな鈴の音がして、目を覚ましたんです」

庭を見たら、あのお坊さんが立っている。

「参りましょう」と言われたので、彼女は離れを出てついていった。

「目を閉じていなさい」と言われたので目を閉じた。

――周りでたくさんのお経の声が聞こえる。

（ああ、たくさん来てくださったんだ）と思ったのが最後……。

自分でお経を唱えた記憶なんてない、そもそもそんなもの、一行も知らなかった。


後に聞いた話によると、彼女の一族の若い女の子が昔、真夜中に「お坊さんが来たよ」と言って、翌朝、山の中で水死体になって発見されたことがあるらしい。

それ以降、一族の若い女の子に奇妙な水難事故が続く。

その度ごとに、坊主の影がチラチラちらつくという。

だから彼女はここに連れてこられたのだ。

おそらく、住職はその正体を知ってるはずである。

しかし固く口を閉ざして、決してヒカワさんには教えてくれなかったという。

水道検針員

宮代あきら

水道のメーターを検針する水道検針員が、初心者の頃に一番困ることはメーターの場所がわからないことだそうだ。

水道のメーターというのは地面にあるのだから、一軒家というのは大変である。草が被っていてメーターが見えないということがある。

ただし検針員の持っている端末の液晶には、一軒一軒のメーターの場所というのが記載されている。

例えば「玄関右奥」とか、あと「備考」欄には「猛犬注意」とか書いてある。

この話を聞かせてくれたのはババさんという男性なのだが、二十年くらい前、ババさんがまだ検針員の駆け出しだった頃、暑い夏の日のことだったという。

初めて検針する平屋の古い一軒家、汗をかきながら端末を見ると、メーターの場所を「裏庭。右」と書いてある。

裏庭に行かなければならないから、敷地内を通らないといけない。

ピンポーンとチャイムを押して「ごめんくださーい」と言うものの、返事がない。

仕方がないので門を勝手に開けて、ぐるりと回って裏庭に行った。

幸いメーターはすぐに見つかった。

しかし、端末に変なことが書いてある。

「注意。メーターの前。あいさつ」

(なんだこれ？　ここであいさつすればいいの？)

普通、あいさつというのは玄関の前とかでするものだ。

しかも誰もいないので、それは無視して検針しようとした。

「だーれー？」

後ろからふいに声がした。

誰もいないと思っていたから、ババさんは慌てて振り向くと、縁側におばあちゃんが立っている。

歳は七十くらい。痩せ型で額に白髪が貼り付いていて、夏なのにヨレヨレのセーターを着ている。

目をらんらんとさせながらもう一度言う。

「だーれー？」

誰もいないと思っていたので、びっくりしながらも、「水道検針員のババと申します」と言ったのだが――。

「だーれー？　だーれー？」

おばあさんは繰り返すばかり。

（なんだ？　あのおばあちゃん）

会話が困難な方なのかなと思って、急いで検針を終わらせて敷地を出た。


二ヶ月後、またこの家の検針に行かなければいけない。

おばあさんが頭をよぎる。

チャイムをピンポーンと押して「ごめんください」と言うと、「はーい」という声とともに、玄関を開けて四十代くらいの男性が出てきた。

「検針なんですけど」と言うと「どうぞどうぞ」と感じがいい。

この男性の肩の向こうに家の中が見えるが、古い家の外観とまったく違って中はとてもきれいである。

玄関から廊下が延びて奥に和室があるのだが、その和室に女の人が立っている。

あの二ヶ月前に見たおばあちゃんだ。

おばあちゃんは窓辺に貼り付いて、裏庭をじいっと見ている。

（変なことしてるな）と思ったが（あ、この男性のお母さんなんだな）と思い至った。

検針のために裏庭へぐるっと回ると、おばあちゃんが貼り付いていた窓のところで「こんにちは」と言ってから、検針した。

すると、メーターが前回からまったく上がってない。

二ヶ月間、水道を全然使っていないようだ。

こういう時は面倒くさいが、ヒアリングしないといけない。

玄関に戻ってコンコンとノックしたら男性が出てきたので、

「すいません、水道を全然使ってないようですけども、旅行とか行ってました？」

すると、

「いえ、実は一週間前に引っ越してきたんですよ」

「ちなみにご家族は？」

そう訊くと、男性は答えた。

「いや、一人暮らしなんですよ」

男性は一週間前に引っ越してきたというのに、今、二ヶ月前に会ったおばあちゃんが家の中にいる。

ここでババさんは（おばあちゃん、見えちゃいけない人なんだ）と気がついた。しどろもどろになりながら検針を終わらせると、センターに帰ったがあの家のことがどうしても気になる。

おばあちゃんのこともそうなのだが、端末の備考欄にあった「あいさつ」という注意書き。

（なんか知ってるな）

そう思って、センター長に訊いてみた。

「すいません、〇〇町××のあの一軒家なんですけど……」

今までザワザワしていたセンター内がシーンとなった。

みんな聞いている。

そんな中、センター長が静かに答えた。

「ああ、ババ君もお会いしたんだね……じゃあ、次回からは僕が検針することにするから」

ちなみに先輩にも訊いてみたが、あの家のいわくなど出てこない。。

「おばあちゃんに会った」という人は数人いたが、あの人が何者なのかはまったくわからないそうである。

作られた事故物件

十二月田護朗

今から十五年ほど前、東京のとあるマンションで、家主の女性が同棲相手に痴情のもつれで刺し殺されるという事件があった。

後ろから包丁で首を一突きされ、女性はリビングから玄関ドアのほうに走って逃げていく。

だがドアが開かない。

助けを求めて玄関ドアを叩き続けたんですが、その彼女の喉元には何度も何度も包丁が抜き差しされ、パックリと穴が開いた。


僕の知り合いの不動産業者のマツシマさんの会社に、まさにその事件があった部屋を買い取ってくれないかという依頼が、三ヶ月前にあったそうだ。

その部屋の現在の所有者はすでに引っ越していて、今は空き室になっている、しかし、部屋の中には物が残された状態で、汚いので見せたくない。「見ない状態で」買い取ってくれという条件が付けられていた。

不動産業者としては別に部屋の中は見なくてもいい。リフォームありきで考えるからである。

もっとも、外側、外回りは現地を実際に見ないとわからない。

マツシマさん、その日の夜八時過ぎに件のマンションに一人で向かった。

オートロックのないタイル貼りの古い建物で、その部屋は四階にあった。

部屋に向かう。

玄関ドアの前まで行くと。

トントントン、トントントン——

扉が叩かれる音がする。

周りを見ても自分しかいない、なのに、

トントントン、トントントン——

ドアの内側から、叩かれているような音である。

ここで、はたと気づく。

(ああ、被害者の女性は、中から扉を叩いていたんだな)

一気に恐ろしくなってしまったマツシマさんは、逃げるようにそこから立ち去った。

マンションから出るとすぐさま、この物件を紹介してきた担当者に電話をかけた。

すると担当者は言う。

「ああ、本当にいるんですね」

事件が起きたその部屋には、その直後から幽霊が出るという。

首がパックリと割れ、そこからスースーと息を漏らしながら扉を叩き続ける女性の幽霊である。

これを見てしまったから、現在の所有者も逃げるようにして出ていってしまった。

事件が起きてから、現在の所有者が逃げるまで、この十五年の間に八人も所有者が変わっているという。

そんな話を聞かされたマツシマさん、ただ一つ納得できないところがあった。

マツシマさんが、マンションの四階で扉を叩く音を聞いたのは、事件のあった部屋の玄関ドアだけじゃない。

右隣の、事件と関係ない部屋の扉からも、内側から扉を叩く音が聞こえていた。

それについて訊いてみたところ、担当者からは「確かに右隣の部屋にも幽霊が出る」ということで、しかも同じ女性の幽霊だという。

「事件が起きた部屋は十五年前に幽霊が見えてたんだけれども、隣の部屋は同じ幽霊なのに二、三年前から見えるようになって。その部屋に住んでいた人もいなくなって今、空き家なんだ」

要するに、見え始めた時期にタイムラグがある――同じ幽霊なのに。


マッシマさんはこれが気になって、自分で検索して調べることにした。単語を入れれば、関連した検索キーワードがどんどん出てくる。

試しに、このマンションを検索してみた。

「〇〇マンション　殺人」

と出る。まだある。

「〇〇マンション　403」

（ああ、403号室でこの事件が起きたから、みんな、この部屋番号を検索して自動的に出るようになったんだろう）と思うじゃないですか。

でもマッシマさんが見に行った事件のあった部屋は404号室。403号室は事件とはまったく関係のない部屋だった。

もっと調べてみた。

インターネット上で「404号室で事件が起きました」と書かれている記事は一つもないのに、事件の起きていない「403号室で事件が起きました」と書かれている記事は二つある。

一つは、事故物件サイト。

それには、令和×年△月に登録されている。

もう一つが、三年前に書かれた個人のブログ記事。

マツシマさんは、このブログ記事が書かれたからこそ、本来であればいわくのない403号室に幽霊が出るようになったんだ、と結論づけた。


彼は僕にこんなことを言った。

「403号室は実際事件が起きてないのに、そこで事件が起きたと思わせられた。そしてそれを信じた人が〝ここで事件が起きたんだからその後に何か変なことが起きてるだろう、幽霊だって出るだろう〟そんな期待を持って検索する。その期待が、どんどんどんどん重なり合うことによって、実際には事件は起きていない403号室に幽霊を呼び寄せたんだろうね。もしかしたら、あの403号室に住んでいる人に恨みを持っている誰かが、あのブログ記事を駆ってそういうふうになるように仕向けたのかもしれない」


みなさん、ぜひ一度自分の家を検索してみてほしい。

もしかしたらみなさんの家も、誰かが勝手に「事件がある、事故がある」そういうふうにウェブに上げられているかもしれない。

幽霊を呼び寄せようとしている誰かがいるかもしれない。

開かずの玄関

酒番

二十数年ほど前、お世話になった先輩の引っ越しの手伝いをしました。

数日してその先輩、会社を無断欠勤するんですね。

携帯もあまりまだない時代だったので、店長から、

「酒番、お前引っ越しを手伝っとったやろ、ちょっと覗いてこい」

そう言われて、日も暮れかかる頃に、付き添いの先輩と一緒に、数日前に行ったアパートに向かいました。

でも僕、あまりそこに行きたくなかったんですよ。

霊感とか、まったくなんですけど、土地、建物も含めて、そこはなんだか薄気味悪いんですね……。

最寄り駅から住宅街を少し歩いた先、未舗装の路地から入る奥まった土地、そこにある平屋建ての古めかしい洋館――。

そこがアパートなんですが、なぜか周りの建物、その洋館を避けるようにすべて背を向けて建っているんです。

建物に入ると薄暗く、所々にある蛍光灯がジー、ジージーと音を立てながら、なくてもいいような明かりで光る……。

そんな中、廊下を奥へ進むと暗がりの中に先輩の部屋の扉があり、少し高い位置にある真四角のすりガラスから、わずかに明かりがもれていたので、

「先輩、いるみたいですね」

そう付添いの先輩に声をかけながら扉を小さくノックをすると、少しして真鍮製のノブがゆっくり回る。

すると、室内の明かりとともに疲れた先輩の顔があらわれた。

無断欠勤の原因は、引っ越しの当日から寝つきが悪く、体調が思わしくないとのことで。でも僕……その話を聞きながら、ゾッとしてたんです。

先輩の部屋、二間あるのですが、元々は隣り合った四畳半一間の部屋の壁を貫いて二間にしているんですね。

引っ越しの当日に、奥の部屋に設置した家具類が、なぜか今いるこちらの部屋にすべて移動されていたんですよ。

「先輩、奥の部屋……」

「あ、なんも、ないんやで。ただ――ただなんか、気持ち悪いねん」

一応確認するのですが、事故物件の類ではないとのこと。

部屋を見渡しても、もちろんお札や血痕などもあるわけがなく。

すると、いつのまにか奥の部屋から顔を覗かせていた付き添いの先輩が、

「なあ、こっちの部屋にあるタンスの裏って見たことある？」

そう訊いてくるんです。

もともと一間の部屋をつなげているので奥の部屋にも玄関があるのですが、防犯の目的もあり、備え付けで大きな洋ダンスが置かれていたんですね。土間を隠すように置かれていたそれは「そのまま使うから」と先輩が言っていたので僕らも気にはしていなかったのですが――。

「なあ、三人おるし。俺らタンスをずらすから、酒番、お前、隙間から覗いてみろよ」

「え……」

固まる僕を尻目に、先輩たちは、ズズズズズ……と音を立てながらタンスをずらしていく。

隙間の奥には、使われていないもう一つの玄関扉、それと湿ったカビのような臭い。

僕はもう、嫌々なんですけど、ライターの明かりを頼りに、土壁と箪笥の間に体を入れたんですね。

土壁に擦れる背中、パラパラと畳に何かが落ちる音。

恐る恐る土間を照らすと、不思議と埃も少なく、そして……何もない。

「なんもない……ん？　ちょっと待ってくださいね。奥に引き戸が見えるんですけど」

「酒番、なんかあるんか？」

「ちょっと待ってください」

奥にあった引き戸を開けて覗き込むと、異様なまでに深い作りで、腕を肩口まで入れても指先が向こうに届かないほどなんですね。

僕、その真っ暗な引き戸の奥から、あるものを引きずり出すんです。

最初は人形の髪の毛のように思えたそれ、細い和紙で巻いて留めた長い髪の毛束だったんですよ。

先輩二人は僕を先に帰らせると、その足でそれを持って駅前にある古い不動産屋さんに向かったそうなのですが――。


そこまでを、ある怪談師さんにお話をすると、

「酒番さん、それどっちの手で捕まれました？　その後、大丈夫でしたか？」

と訊かれるんです。

「えっ、右手……でしたけど……」

「酒番さん、それ遺髪ですよ」

「遺髪って、亡くなった人の……」

「そこに安置してあったんでしょうね……、何、かを込めて。酒番さんそれ、呪物ですよ」

そう言われてハッとした僕が見る右手には、その後の事故でできた傷跡がいまだ残っていて——。

「それにその開かずの玄関の鍵って、もしかして管理されてるのはその不動産会社ではないですか？」

確かにそうなのだ。

ということは——。

怪談最恐戦2022
ファイナル／2nd stage&
3rd stage（決勝戦）

1st ステージで勝ち残った各ブロック勝者が持ち時間7分で
次のステージに勝ち残るための怪談を語る!
Aブロック勝者・伊山亮吉／Bブロック勝者・いわおカイキス
キー／Cブロック勝者・毛利嵩志／Dブロック勝者・宮代あきら

そして決勝戦は、2ndステージを勝ち上がった
伊山亮吉と毛利嵩志との時間無制限怪談バトル!
語り順はジャンケンで先攻が伊山、後攻が毛利となった。

ファイナル／2nd stage

親切なお婆さん

伊山亮吉

大学を辞めてしまう理由って色々あるんだなと思ったんです。

そういう理由でも辞めるんだ、これはそういう話なんですが、仮にA子さんとしますが、このA子さん、高校を卒業した際に、地元から遠く離れた岡山の大学に通うことにしたんです。

そして、岡山の大学に通うついでに一人暮らしもしようと決めた。

人生で初めてなんですね、地元から一人で岡山にやってくる。

契約した場所というのが三階建てのマンションで、そこの二階の部屋に住むことになった。

まずは引っ越しのあいさつを、ということで、A子さんはまずは両隣の部屋の人に、そして真下の部屋の人、真上の部屋の人に、菓子折りを持ってあいさつに行った。

すると真上の階の人が一番、優しかったというんですね。

「引っ越しのあいさつで」

と言うと、

「ああ、わざわざありがとうね」

と人の良さそうなお婆ちゃんが対応してくれたんです。

「自炊とか大丈夫？」と、すごく心配してくれる。

「それもちょっと心配で」

「よかったらね、私の家、家族が多いから、一人分ぐらいご飯の量、増えたからってどうってことないの。いつでもお裾分け取りに来てもらっていいからね」

と言ってくれた。

「ああ、ありがとうございます」という感じでそのまま帰ったんですが、それから一週間も経たないうちに、上のお婆ちゃん、わざわざ自分から料理を持ってA子さんの部屋にやってきた。

「はい、どうぞ」

渡されたタッパーには総菜が詰まっていて、結構な量があった。

「食べ終わったらすぐに洗ってお返しします」

「ああ、どうせまた来るから溜まってからでいいわよ」

「ああ、わかりました」

そして食べると美味しい。美味しいんだけど、妙なことに、なぜか匂いがしない。

でも非常に量はあったので、一人暮らしの身には助かった。

タッパーは洗って、食器棚に置いておいた。

その一週間後。お婆ちゃんやって来る。

「はい、お裾分け」と、これもまた結構な量がある。

「ああ、ありがとうございます。あ、この前のタッパー……」

「ああ、いいのいいの。また来るから。溜まってからでいいから」

「はい」

なかなか受け取ろうとしない。

そしてもらった総菜を食べると、やっぱり美味しい。量もある。でも匂いはしない。

結構な量があるので、A子さんしばらくこの料理をあてにしていた。

二ヶ月ほどが経ったけれど、この間、お婆さんはA子さんが洗って溜めておいたタッパーを受け取ろうとしなかった。

そんなタイミングで、A子さんは大学に友達ができたんです。

自分の家に招こうということで、マンションに友達を連れてきた。

親切なお婆さん　伊山亮吉

このマンションにはエレベーターがないので、階段で上がるしかない。

階段を上っていると、ちょうど一階と二階の間の踊り場部分にさしかかった時に、上からあのお婆ちゃんが下りてきた。

「いつもありがとうございます。タッパー……」

「溜まってからでいいから」

「ああ、わかりました」

「今日どうしたの」

「友達連れてきてて」

「ああ、そうなんだ。仲良くね」

そう言って、お婆ちゃんは下りていった。

しばらく立ち止まっていたので後ろの友達に、

「あ、ごめんね、待たしちゃって。じゃあ行こうか」

そう言うと、友達が妙な顔をしている。

「あんた、今何してたの？」

「え？　ああ、あのお婆ちゃん、いつも料理をくれるんで。本当に親切な人で」

「いや、あんた、急にここで立ち止まって、ずっと一人でぼーっとしてたよ」

友達は強張った顔をして言う。

「お婆ちゃん、下りてきたでしょ？」

「下りてきてないし、あんたはしゃべってもない。ずっとぼーっとしてた」

まったく会話が噛み合わないんです。

そんな変な感じのまま友達を部屋に招いたので、妙に空気はギクシャクして会話が盛り上がらない。

そのうち、友達がやたらにA子さんに向かって言い出した。

「A子、あんた何か食べな。食べたほうがいいよ」

A子さんはそれも嫌になってしまい、予定よりだいぶ早く友達を帰してしまった。

せっかく初めての友達を呼んだというイベントなのに、なんだか嫌な気持ちになっちゃったなと、A子さんは一人、家でモヤモヤしていた。

すると携帯電話がプルルッと鳴った。

「はい」と出たら、お母さんからだった。

「何？」

「A子、あんた変なこと訊くけど、最近大丈夫？」

「なんで？」

「いや、実家のばあちゃんがね、最近毎日あんたの夢を見るんだって。夢の中であんたが毎日泣いてるんだって。最初はそれを見たって言う時に、孫娘が心配でそういう夢見てるのかなと思ったけど、あんまりにも毎日見るから、A子の身に何かあったんじゃないか、電話しろって言うのよ。それで電話かけたんだけど、変なことあった？」

そう言われて、さっきあった変なことを説明すると、お母さんがひどく心配して、

「いつでも地元戻ってきていいからね」という感じで電話が終わった。

電話を切った後に、A子さんは改めて考えてみたのだけれど、やっぱり上階のお婆さんは幽霊とかそういう存在に思えない。

だってこちらには物的証拠があるからなんです。

お婆さんが持ってきたタッパーを洗って、食器棚に置いてある。だからおかしいのはきっと友達のほうだ。

そう思いながら食器棚に行って、扉をガチャッと開けた。

え？　と思った。

タッパーが一つもない。そこで友達が話していた内容をもう一度思い返した。

自分はさっき、お婆さんとすれ違って会話したつもりだった。

でも友達から見ると、一人でずっと立ったままぼーっとしていて、誰ともしゃべっ

てもいない。

ということは、もしかしたら私が今まで食べていた料理も食べてなかったのかもしれない――。

そう思って鏡を見たら、今まで見た時にはなんとも思ってなかったのに、そう認識してから見ると、鏡に映る自分がげっそりと痩せこけている。

食べていなかったんですよ。

そこでさっきの友達の言葉がある。

しきりに言っていた「あんた何か食べたほうがいいよ」という。

私、食べていなかったんだ。じゃあ上のお婆ちゃんはいったい――と思い、すぐに上の階に上がる。

インターホン押す。

すると、その部屋からまったく別の人が出てきた。

「どういったご用件で?」

「あの、ここのお婆ちゃんに、よくしてもらっていて」

不審な顔をした住人が言う。

「そんな人は住んでないですよ」

あのお婆ちゃんは実在しない人だった。

A子さん、勘違いしていたって言うんです。

あのお婆ちゃんは親切な人だと思ってた。でも真逆で、自分のことをずっと衰弱させようとしていたのだ。

それに気づいてからは恐ろしくなってしまい、すぐに地元に帰ってしまった。もう岡山には行けない。それで大学を辞めちゃったと言うんですよね。

そんな話を聞かせてもらいました。

磯の臭い

いわおカイキスキー

僕の大学時代の先輩に、シンヤさんって方がいるんですよ。

このシンヤさん、魚介類一切食べられないんですね。

みなさんの中にも魚介類食べられない方いらっしゃると思うんですが、磯臭いとか生臭いとか、そういう理由で食べられない方がほとんどだと思うんです。

この好みって、そんな簡単に克服できるものなんでしょうかね。

というのもこのシンヤさん、久々に電話かかってきて「いわお、飲もうや」って言われたんですよ。

恵比寿で指定された店に行ってみると、店名を見た瞬間に（あれ？）と思った。

オイスターバーなんですよ、牡蠣の店なんですよ。

僕、店の中に入ってシンヤさんに訊いてみました。

「シンヤさん、牡蠣なんてもってのほかでしょ、磯臭いし」

「いやあ、なんで俺、これ嫌いだったんだろうな。磯臭いのたまんねえよ」

そう言いながら、グチャグチャグチャグチャと生牡蠣を食べるんですよ。

もう、見ているこっちが気持ち悪くなるぐらい。

「でよ、今日呼んだのもよ、お前ほら、怖い話好きだろ？　な、俺のドッグタグ、これ見てくれよ」

ドッグタグとは兵士が首に提げる名前などが入ったステンレスのネックレス。

シンヤさんが見せてきたのは、端々が錆びているドッグタグだった。

「これにまつわる怖い話があるんだよ」と話してくれたんです。


シンヤさんは山梨の山間部の出身なんですね。

小さい頃、山の中や川で泳いだりして遊んでいてね、山の匂い、木々の匂いを嗅いで育ったそうなんです。

そして、シンヤさんだけでなく、ご家族もみんな、魚介類が食べられなかった。ご飯は山の幸のものをふんだんに食べていたそうです。

シンヤさんは大学卒業してから、ずっと実家に帰ってなかったのですが、一年前の夏にお父さんが大病を患ったということで、久々に実家に帰った。久々に山の匂いを嗅いで、(ああ、帰ってきたんだ)と、しみじみ思ったんだそうです。

「今日はシンヤが帰ってきたから腕によりかけちゃおうかな」

お母さんがそう言って夕ご飯作ってくれていて、細長いちっちゃいコロッケみたいなものが出てきたんで、我慢できずに口に運んでみた。

口の中でグチュっと噛んだら、ジュワっと汁が広がって生臭くて磯臭かった。

オエッとなったんですよ。

断面を見ると、生き物っぽい。クリーム色の断面に、なんだか緑色のぐちゃぐちゃしたものが見える。

「おい母ちゃん、これなんだよ」

そう訊くと、

「あーらそれシンヤ、牡蠣フライよ」

そしてその日、食卓には牡蠣フライと、目が白く濁った金目鯛の煮付けが置かれた。

家族みんな、魚介類はダメだったはずなのに、バクバクバクバクまるでブタみたい食うって言うんですよ。

シンヤさんは一口も喉を通らなかった。

「こんなことあったんだよ、おかしいだろ?」

夜になって親友に電話で話をしたら、こう言われた。

「ああ、なんかそれおかしいな、確かに変だよな。あ、でもお前よ、生臭いとか磯臭いっていうと、海に行った時によ、あそこで拾ったドッグタグって、お前、まだ持ってんのかよ?」

「ああ、あれな」

シンヤさんは、自分の部屋の小物入れを探したら、結構、簡単に見つかった。湿っているかのように冷たい、錆びの浮いたドッグタグ、実は仲間たちと熱海に旅行に行った時に、とある自殺の名所である海岸沿いで拾ったドッグタグだったそうだ。

「シンヤ、お前それ拾った時、目がイっちゃってたもんな。変だったよ、おかしかったぜえ。なんでお前、そんなもん持って帰ったんだよ」

「いや、俺もわかんねえんだよな」

そんな話をしていると、

「で、お前……ブ、ブブブ、ブ、ブブブ……」

急に携帯電話にノイズが走り始めた。

「ああ、電波悪いな」

そう言いながら窓に行ってガラッと開けたら、ブワアッと臭いが入ってきた。「ああ、山の匂い」じゃなくて、まるで潮騒の音まで聞こえてくるような「むせかえる磯の臭い」だった。

(え、なんだこれ?)と思った瞬間、体がバシンッと動かなくなった。

その瞬間、後ろから、畳の上を濡れているものが蠢《うごめ》いているような音がした。

ビシュ、ビシュシュシュ——

それが自分に近づいてきた。

ビシュ、ビシュ、ビシュビシュビシュ——

その気配と音で、どんどんどんどんと近づいてくるのがわかる。

(うわああ)

声も出なかったが、心の中で叫んだら途中から声が出た。

「わああああああ」

その瞬間、体が動くようになって、一歩踏み出した瞬間にズルンと滑ってビチャッと尻もちをついた。

(なんか濡れてる! ええ?)

自分の手を見たら何やら粘液で濡れてる。においってみたら、むせかえるような磯の臭いだった。

そして目の前を見ると、そこには大きな蠢いている海藻の塊《かたまり》――。

赤、紫、青、緑、色とりどりの海藻がそこにグチャグチャに集まって、それがビシュ、ビシュ、ビシュビシュビシュ――と動いてこちらに近づいてくる。

「うわあ、かんべんしてくれ、かんべんしてくれえ！」

懇願すると海藻の塊はピタリと動きを止めた。しかし真っ赤な、口のようなものパカーッと開けて奇妙な声が――。

「アアアアア、アアアアアアア……」

その瞬間、むせかえるような磯の臭いがしてきて、そこから記憶がなくなった。

「なあ、この話、怖いだろ、いわお。お前さ、起きたら、その錆びたドッグタグがグシャグシャに濡れててよぉ――」

そう言いながら、シンヤさんはグチャグチャと生牡蠣を食べるんですよ。

「いやあれから、よくわかんねえんだけど、この磯臭いのが好きでな、魚介類ばっか食べてんだよぉ」

なんだか焦点の合わない目で、シンヤさん僕にそう言ってました。

僕、思うんですよね。

彼のご家族もきっと、シンヤさんが家に帰っていない時に同じものを見てるのではないかなと。

ずっと実家に帰ってなかったのに、久々に帰ったら家族みんなが魚介類が好きになっていた。

こんなこと、普通はないじゃないですか。

きっとこれ全員、何かに魅入られたんだろうなって、僕は思うんですよ。

首吊りの墓

毛利嵩志

マエダヒロヤス君が小学生の時のこと。ある年の夏休み、父方のおじいちゃんと一緒にご先祖様のお墓を掃除したことがあるという。

マエダ家の墓地は、コンクリートの塀に囲まれ、周囲には田んぼが広がっていた。中には五、六基ほどの大きめの墓石が立っていて、それに柄杓で水をかけると、ジュワーと湯気が上がる。周囲からは、しゃあしゃあしゃあしゃあしゃあ……と、クマゼミの鳴き声がうるさかったそうだ。

作業を終えて墓地の片隅を見たら、塀に三〇センチほどの隙間がある。

覗いてみたら、隣の土地にも墓地が広がっていて、小さめの墓石がたくさん並んでいた。

「じいちゃん、こっちも?」

そう訊いたら、「ああ頼む」と言われたので、そちら側にも入って、墓石に水をかけていった。

こちらの墓石は平たい石板型をしていた。表面に仏様が浮き彫りになっている。ひとつひとつが小さいので、ご先祖様個人のお墓なんだな、と思って、全部に水をかけ終えた。そして一息ついて、（あ、いけない）と思ったのだ。

唐突に、尿意をもよおしてきたのである。

ただ、そのあたりで排泄したら、さすがにバチがあたりそうだ。

困った、と思いながらモジモジしていたら、

「ああ小便か、こっち来い」

おじいちゃんに呼ばれた。

片隅に土がこんもり盛ってある場所があり、「ここでしろ」と言われた。

（ああ、よかった）

ほっとしてチャックを下ろしたのだが、あれ、と思い、その手を止めた。

——土砂の下に、何かが埋まっている。

よく見たら、それはさっきの墓石だった。石板型をした一基が、横倒しになって埋もれ、土と一体化しているのだ。

墓石に小便など、できるはずがない。

だが、おじいちゃんは「いいから、やれ」と言ってきかない。

「これはな、首吊りの墓じゃ。かまわん。小便をかけてやれ」

えっ、とヒロヤス君は言葉を失った。首吊りとは、どういうことだろう。

そう言われても、できるわけがないではないか。

「こうやるんじゃ」

そしておじいちゃんは、前を開き、自分の陰部を露出させた。

（えっ！）おじいちゃんが勢いよく放尿するのを見て、ヒロヤス君は驚いてしまった。

濃い尿の臭いが、むわり、と鼻をついた。ヒロヤス君は必死に我慢したが、こらえきれず、自分もしゃあっと放尿してしまった。

ふたすじの尿が横倒しの墓にかかる。おじいちゃんはそれを見て、

「はは、そうじゃ、首吊りにな、もっと小便かけてやれ」

いかにも愉快そうに、げらげらと笑い続けていたのだった。


それ以降、ヒロヤス君はおじいちゃんのことが苦手になってしまった。

優しいおじいちゃんの、裏側の人格を見てしまったような気がしたのだ。

まさかそれを、両親には相談できない。しかし一度、お母さんに、

「お父さんの一族で首吊った人いるの？」

と訊いたことがあったが、

「え、知らないけど。なんでそんなこと訊くの？」

そう反対に訊かれて、「いや、別に」とごまかすのが精いっぱいだった。

そして、ヒロヤス君が中学生になったころ、お父さんが病気で亡くなった。

それ以降、父方の親戚とは少し疎遠になった。そして高校生になった時、そのおじいちゃんも亡くなってしまった。

ヒロヤス君はお母さんと一緒に、お葬式に参列した。

帰り道に雨が降った。

ヒロヤス君は、お母さんが運転する車の助手席に座っていたが、信号待ちの際、お母さんが唐突に訊ねてきた。

「ヒロヤス、昔お父さんの親戚で首吊った人いる？　って訊いてきたこと、あんた憶えてる？」

ヒロヤス君はどきり、としたが、「うん、憶えてるよ」と答えた。

「実はね、お葬式の時言ってなかったんだけど、おじいちゃん裏の座敷で首を吊ったらしいんだよね」

「えっ⁉」と思わず、声をあげてしまった。

「ど、どうして自殺なんか……」

「わかんない。遺書が残っていないの。昔ね、ヒロヤスに訊かれたあと、お父さんに尋ねてみたのよ。そしたらお父さんも知らなくて。そこにおじいちゃんが来たんだけど、あの人ったら、おやじ、うちの一族で首吊ったやつがいるのか、だって。直接訊くもんだから、わたしびっくりしちゃって。

でもおじいちゃん、聞いたことないなあ、って首をひねったあと、けらけら笑いながら言うのよ。マエダの一族は、能天気な人ばっかりだから、そんな繊細な人間はおらんおらん、だって。あんなおじいちゃんが、なんで自殺なんかしちゃったのかしらね」

そこでヒロヤス君は「実は……」と、子供の時の体験を話してみた。

お母さんは驚きながら聞いていたが、途中から首をひねり始めた。そして、「そのお墓って、田んぼの中にあるあそこ？」と訊いてきた。

「隣に墓地なんてあったっけ？」

「あるよ、だって憶えてるもの」

あんなことがあって、忘れるわけがない。だがお母さんは首をひねり、

「ないと思うけどなあ」

「あるって！　絶対に」

そこで、ふたりは引き返し、わざわざ傘を差してまで、墓地を見に行ったのだ。

——だが、確かに、隣に墓地はなかった。

墓地は、ぐるりと田んぼに囲まれており、あろうことか、あの時あった塀の隙間すら、どこにも見当たらなかった。

まさか、と思って、近くでまじまじと見てみたが、塀を修理した跡はない。

それに、たとえうまく修理したとしても、隣接地はすべて田んぼなのだ。かつて墓地だった土地をつぶして、田んぼにすることなどあり得なかった。

(だとしたら、あの記憶はいったい……?)

ヒロヤス君は、呆然と立ちつくしてしまった。


「でも」と彼は言うのだ。

「あれは絶対に本当でした」

あんな生々しい記憶が、夢や幻であるはずはないのだ。

ただ、だとしたら、おじいちゃんは一族の誰を、あんなふうに蔑んで、そしてなぜ、よりにもよって、その蔑んでいた人物と同じ死に方を、自ら選んでしまったのか?

——その謎が、どうしても解けない気がするのだ。

黒い長財布

宮代あきら

ライブハウスに勤めるタチバナさんという方から聞いた話です。

ある時期、そのライブハウスで楽屋泥棒が流行ったのだそうです。

楽屋泥棒は、演者がステージでライブ中に楽屋に入り、財布や貴重品を盗むというもので、ライブハウスでは「貴重品袋」というものを設置した。

演者は、ライブの前に財布を受付に「貴重品袋」に入れて預ける。そしてライブが終わったらそれを返却する、というシステムにしたんです。


ある晩のこと。ライブが終わり、タチバナさんが片付けをしていると、「貴重品袋」を見たら財布が一つ残っていた。

黒光りした長財布で、ブランド品なのか高そうなんですね。

（誰のだろう、これ）と思った。

タチバナさんは預かった記憶はない。なので、スタッフに「これ知ってる?」と財布を見せて訊くと、

「あぁこれね、○○っていうバンドのマネジャーさんがボーカルのだって渡してきましたよ」と言う。

(え、○○ってマネジャーいたっけ?)と思ったけれども、一応、そのボーカルに電話してみたら、「いや、俺財布持ってますよ」と言う。

「いや、マネジャーさんが預けに来たんだけど」

「いや、うちマネジャーなんかいないですよ」

(はあ?)と思って(じゃあ、なんだこれ)と思って、財布の中を見てみようと思ったんです。

チャックのついた長財布だったので、それをジーッと開いてびっくりした。

中には、一万円札の束を一万円で挟むようにしたものが五つ、入っている。

つまり、五十万円が入ってる。

(ええ? こんな金持ちいたかなあ)

他も見てみるけれど、現金以外、なんにも入っていない。

普通はいろいろとカード類とか、入れるじゃないですか。

ただ、そのカード入れのところが、ちょっとモッコリとしていて何かが入っている。

見てみたら、紙が入っていたので、それを引っこ抜いてみた。

電話番号が「090-〇〇〇〇-〇〇〇〇」と書いてある。

普通は、自分の財布に自分の電話番号は入れないだろうから、これは電話をかけても他人につながってしまうだろうと、いったん仕舞った。

そして、もう一枚、紙が入っていたのでそれをゆっくり抜いてみると、古い紙が折りたたまれたものだった。

ちょっとパリパリになっている。

(なんだこれ)

広げてみたら、梵字のようなハングルのような文字で、一面に何かが書いてあるようで、もう一開きすると、カランカランカラン、と音を立てて光るものが床に落ちた。

拾ってみたら、それは金箔が貼られた小さな塊。

タチバナさんには、それは子供の乳歯に見えた。

(はあ? なんだこれ)とマジマジと見ていると、突然、夏場のドブ川みたいな臭いが鼻を襲ってきた。

「臭っ!」

時間差で臭いがきた。

（うわっ、これかよ）と思って、あわてて紙に入れて折りたたんで、財布にしまった。

あとは、手掛かりとしては、やはりあの電話番号しかない。

もう一度、演者全員に心当たりがないか声をかけてみたけれど、みんな財布を持っているし「知らない」というので仕方がない。

タチバナさんは電話かけてみることにしたんです。

するとワンコール目で、「はいナガタです！」と、勢いのいい男性が出た。

これこれこういう事情で財布がここにあるんですけど、とタチバナさんが説明すると、

「その財布って、黒い長財布で○○製のものですか？」

そう電話口でいうので、それはばっちり合っているんですね。

（ああ、この人なんだ）と思っていたら、その人が「届けに来てもらっていいですか」なんて言う。

（いや、お前が来いよ）と思ったものの、場所を聞くと通り道だったんで（まあいいか）と、タチバナさんはその財布を鞄の中に入れて、助手席にポンと放り込んで、車を発車させた。

しばらく運転していると、途中で思わず「んっ?」と首をすくめた。

車内にドブが腐ったような臭いがしてくる。そして、それよりも助手席から強烈な存在感が漂ってくる。

(だめだ、だめだ、だめだ、助手席を見たら絶対だめだ)

直感でわかる。

なので、窓を開けて換気をしながら、ひたすら真っすぐ前を見て運転をしていた。けれど、途中、左折する時には、どうしても左側を見てしまう。

そしてその時にチラっと見えた。

(うわっ)と思った。

助手席にいた――子供が。

ただ、子供の形に見えるのだけれど、なんだか緑色の苔生《こけむ》したようなものにも見える。それが助手席に座っているんですよね。

(うわっ、だめだ、だめだ、だめだ)

通行人や街の看板やネオンを見ながら、前方にだけ精神を集中してなんとか目的地の駐車場に入った。そのまま助手席を見ないで鞄を取ると急いで車から降りた。

早く、財布を返してしまいたい。

電話の男性に言われたのは、バーのような店だった。

入ると、奥に男性二人が座っていて、その一人が、「おにいちゃん、こっちよ！」と声を上げた。

明らかに堅気じゃないように見える。

「おお、財布はー？」と言われて、タチバナさんが財布を渡すと、その人が財布を開けて、

「おお、おお、わかった。じゃあ、お駄賃な」

と、その中から一つの束をくれた。それって十万円――。

「いやいやいや」とタチバナさんは固辞するのだけれど、

「お駄賃やからな」と押し付けてくる。そして、

「そのマネジャーって名乗る人、どんな人やった？」と訊かれたので、タチバナさんはスタッフから聞いた容姿を伝えた。

すると、男性は「ふうん」というような感じになり、

「ああ、そっか。で、もう一つなんやけどな、五十万ほど足らんのやけど、おにいちゃん使ったか？」

と急に凄みを効かせて言ってきた。

「いや、とんでもないですよ」とタチバナさんは震え上がった。最終的に、どうなったのかは詳しく教えてくれませんでしたが、タチバナさんとしては、その財布を手放せた安心感のほうが強かったそうです。

タチバナさんは言っていました。

「あんな財布持ってたら、絶対長生きできないな。もしかすると、もしかすると、だけど、僕、何か呪いの運び屋をやらされたのかもしれないですよね」

ファイナル／3rd stage（決勝戦）

やってはいけない遊び

伊山亮吉

この文庫を読んでいる方も、きっと怪談が大好きだと思うんですね。僕自身もそうなんですよ。そんなもんで、小学校の時から放課後はいつも怖い話をして過ごしてた。そういう子供だったんですね。

これは、中学に上がっても一緒なんです。放課後はほとんどずっと怖い話をしていたんですけど、中三ともなると、さすがにちょっと問題が起こるんですね。

何かというと、もう話すネタがないんですよ。

ずっと喋ってるわけですから、今更もう怖い話なんかない。

どう頑張っても盛り上がらない、それが中三の頃の放課後だった。

これはそんな頃に聞いた話だ。

ある日の放課後、いつもの怪談好きのメンバーが集まって、怪談や怖い話が始まる。イマイチ盛り上がらない。みんなどっかで一回は聞いたことある話だ。なんだかなあと思っていると、一人が突然「ね、知ってる？」と言い出した。

「何？」

「確実に霊体験を起こす、そんな方法があるんだよ」

そう言ったので、久々に興味持った。

「何それ？」と訊くと「一人かくれんぼって知ってる？」と言われた。

僕、当時知らなかったんです。知らなかったので「何それ？」と訊くと、どうやら交霊術なんですね。幽霊を呼ぶ儀式だと。

有名なのはこっくりさんがある。でも、こっくりさんと比べて確実に霊が出るのが「一人かくれんぼ」だと熱弁された。

そこまで言われると、やり方が知りたくなる。

「どうやるの？」と言ったら、教えてくれた。

ただその「一人かくれんぼ」とやら、やるのが結構面倒くさい。

色々と細かいルールは違うけれど、僕が当時聞いたのは、どうやら夜中の三時にまず家に一人でいることが条件だと。なおかつ電気を全部消す、真っ暗にする。

でもテレビだけはつけておく、これが唯一の明かりなんですね。

他にも、始める前にぬいぐるみを用意して、そのお腹を切って中から綿を取り出して、代わりにお米を詰める。

そこに血とか爪とか髪の毛とか、自分の体の一部を入れておく。

入れた後、切ったところは赤い糸で縫っていって、このぬいぐるみを風呂場だとか水場に持っていって水に浸す。ここまでが準備だという。

「それからは？」と訊くと、

「これから一人かくれんぼを始めます。まず私が鬼、私が鬼、私が鬼、と三回言ってから、そのぬいぐるみを探すふりして、見ーつけた、そう言ってそこに包丁をブスッて刺す。次はあなたが鬼、あなたが鬼、あなたが鬼、と三回言う」

これでスタートだって言うんです。

聞いたこともないと思ったし、気持ち悪いと思ったんですね。

「それは何をもって終わるの？」と訊くと、「かくれんぼなんで、ここから隠れる」と言う。

どこでもいい、で隠れて二時間が経って早朝五時になったら、隠れたところから出てきて塩水を口に含む。そして、さっき刺したぬいぐるみのところに戻り、口に含んだ塩水をブシャーってかける。そして、私の勝ち、私の勝ち、私の勝ち、と三回言う。

これでおしまい。

簡単に言うと、夜中の三時にぬいぐるみに包丁刺す、二時間隠れる、二時間経ったら塩水かけに戻る。この、隠れた後に絶対に何かが起こる、そういう交霊術だと言う。

「どう、やってみない？」

そう言われて、「やろうやろう」と盛り上がったものの、すぐにできないと思った。だって僕ら中学生なんですよ。もちろん、実家暮らしなんですね。

つまり、夜中の三時に家に一人という最初の条件からクリアできなかった。

（ああ、結局できないじゃん）と思って、しらーっとしていると、タケダという友人がポツンと「俺やるわ」と言った。

「できるの？」

「ああ。俺んち母子家庭なんだ。明後日、お母さん帰ってこないんだ。弟連れてどっか行ってさ、一人ぼっちなんだ。だから暇だし、それやってみるよ」

そう言うんで、また「おお！」って盛り上がった。

「え、携帯持ってるよね？　メールで実況してよ！」と言うと「ああ、いいよ」って約束取りつけた。

当日。僕とか友達、みんながワクワクしている。

タケダからの実況が楽しみなんですね。夜中の三時になったらメールが来た。

「今から始めるよ」

「全部準備終わらせて、包丁も刺したよ」

「え、どこに隠れるの？」と送ったら、

「まああ りがちだろうけど、今から押し入れの中に隠れる。何かあったら連絡するね」

でも、それっきりメールが来ない。

心配なんですね、何かあったのかって。それとも、何もないから送らないのかな、どっちなんだろう？　わかんない。

僕はどんどん不安が大きくなった。思わず「おい、大丈夫か？」とメール送ったら、意外にもすぐタケダから返事が来た。

「大丈夫、なんにも起こんないんだ。だからメールの実況のしようがなかった。本当に幽霊来るのかな」

というのんきな内容だったんです。

（なんだ、よかった）と思ったと同時に、急につまらなくなった。

（そりゃそうか、簡単に幽霊なんか来るわけないか）と思ったら、とたんに眠たくなってきた。それは他の友達も一緒で、みんなその後、すぐ寝てしまった。

翌朝のこと。起きて携帯を開いたら（うわあ）と思った。

信じられないくらいの数の電話とメールが来ている。

誰？　と見ると、それが全部、タケダからだった。

あの後、なんかあったんだと思い、悪いことしちゃったな。かけ直そうかなと思ったけれどやめたんです。この日も学校があったので、

（いつもどおり放課後に聞こう、今日は絶対盛り上がるだろうなあ）

そう思いながら学校に行った。

学校に着くと、タケダの後ろ姿見つけたんです。

「おい、タケダ」と声をかけるけれど、振り返らない。

「タケダ、昨日何があったの？」

そう言っても無視されて「タケダ、ちょっと待ってよ」と、肩をつかんでこちらに振り向かせて、うわっ！　ひるんだ。

一瞬、別人かと思ったんです。そのくらい、タケダは一晩で顔はゲッソリ痩せこけ、目の下にはクマができて顔色が悪かった。

「何があった？」と訊くが、タケダは黙ってスーッと席につく。

授業が始まったが、タケダは授業なんか聞いてないようで、何かに怯えるようにずっと震えていた。

放課後になって、みんなが集まった。

「タケダ、昨日何があったの？」

震えて応えない。

「タケダ、なんか言って。タケダ、何があったんだ⁉」

すると、やっと一言、絞り出すように言う。

「あれ、やっちゃだめだ」

「一人かくれんぼのこと？　昨日何があったんだ？」

タケダはポツポツと語りだした。昨晩、何があったのか——。

「夜中の三時に一人かくれんぼやったの知ってるよね？」

「うん」

「全部電気を消してさ、テレビだけつけてぬいぐるみ用意して入れ替えて、それを風呂場に持っていって水に浸して包丁刺した。知ってるよね？　その後、俺、押し入れの中に隠れたけどさあ、お前ら寝たろ？」

そう言われて、みんな、ビクッとした。

怖かったんです。何よりタケダ本人がいつものタケダじゃない。

そして謝った。

「ごめん。ごめん。でもさ、お前がなんにも起こんないって言ったから」

そう言うと、「別にもうそれはいいんだ。実はさあ、俺も寝ちゃってさ」と、何を隠そうタケダ本人もつまらなくて、途中で寝てしまったらしい。

でもタケダはみんなと違って布団に寝ているわけではない。押し入れの中にいる。狭いし、ぎゅうぎゅう詰めだから「寝たはいいものの、すぐ起きちゃった」と言う。

(今何時だろう？　暗くてわかんない。ええっと)

手探りで携帯を探る。

(あった)

開くと時間は四時十分だった。

(ああ、三時から五時までだよなあ。時間内に起きれてよかったあ)と思ったら(あれ？)って。部屋に違和感があるって言うんです。

「だってお前、押し入れの中にいるんでしょ？　なんで違和感なんかわかるの？」

そう僕たちが訊くと、「音がする」とタケダは言う。

「音？」

「うん、どんな音かっていうとさ、家中にさあ、ザアアアア……って音が響いてる。何これ？　って……」

ザアアア……ザアアアアア……

（ああ。あの音か）タケダは押し入れの中で一瞬、安心した。

この音は、つけっぱなしのテレビ――唯一の明かりの、そのテレビが砂嵐になっている。そのノイズの音が家中に響き渡っているのだ。

ザアアアア……

（へえ、なんかテレビが変なふうになってる。ああこれ、霊現象なのかなあ。じゃあメールしないと）

そう思った瞬間、音の感じが変わった。

ザアアアア……プツ、ザアアアアア……プツ、ザアアアアア……プツ……

勝手についたり消えたりしている。

（なんで？）

ザアアアア……プツ、ザアアアアア……プツ、ザアアアアア……プツ……

そこでハタと、タケダはわかった。

これは、勝手についたり消えたりしてるわけじゃない。

誰かがつけたり消したりしているのだと。

そう気が付いた途端、襖の向こうに人の気配がした。今誰かが家の中にいる、その誰かがずっとテレビの電源ボタン押している。

ザアアアア……プツ、ザアアアアア……プツ、ザアアアアア……プツ……

ここで初めて怖いと思った。そこでみんなに電話やメールしまくった。でも誰も出ないし、誰からもメールが返ってこない。

(ああ、どうしよう！　みんな寝ちゃってるんだ。俺一人だ、助けを呼べない！　ええ、どうしよう！)

ザアアアア……プツ……。突然テレビが消えて、急にシーンと静かになる。

(ああ、どうしよう。もう電話かけれない。だって何かがいるから、そいつに音でばれるから。どうしよう)

スー……

何か別の音が聞こえてきた。

(なんだこれ、さっきまで聞こえてない)

ススス—……

音が大きくなった。

(なんだこれ?)

ススス—……

（ああ、違う違う。これ、音は大きくなってない。これ、音のほうから近づいてきている、なんの音だ？）

スー……

（何かをこすってる音？　なんだ？）

スー……

（畳？　え、畳ってことは……）

隠れてる場所は押し入れですから、そこは当然和室なんです。

その畳の上を、何かが這いつくばりながら移動してる、その音だと気が付いた。

それがどんどん近づいてきているということは（ああ、場所バレてる！）と思った。

（どうしよう）そこでまた電話する、メールする、やっぱり誰も出てくれない。

スー、スー……

どんどん音が近づいてくる。

（やばい、やばい、やばい）開けられると思ったから、タケダは裏から襖を必死で押さえた。

（開けるなよ、開けてくるなよ！）

スー、スー……

音はとうとう、すぐ襖の裏まできたので、ひときわ力をグッと入れていたが、いつまで経っても開けてはこなかった。代わりに、
ガヒッ、ガヒッ……

引っ掻いている。

（どうしよう、頼む、どっか行ってくれ、どっか行ってくれ、やめてください、もうやめてください）と、タケダはそのままずっと押さえ続けた。

五分くらいだろうか、そうしていたという。

急に引っ掻く音やんだ。

（あ、助かったかな？）と思った。

でも助かってないんですよ、だって終わらせてないから。

（ええと　どうやって終わらすんだっけ？　ああそうだ、塩水だ。塩水はここにあるから、これを口に含んで風呂場に行ってぬいぐるみにかければいいんだ）

でもそれが怖くてできなかった。だって何かがいるから。

（今何時だろう？）

携帯を開いて時間を確認すると、四時三十分だった。

（ええ、どうしよう。五時まで三十分しかない。これ、五時に終わんなかったらどう

なるの？　訊いておけばよかった、でもみんな寝ちゃってるしどうしよう）

考えて悩んだ。悩んだ末に、こう思った。

（今、明らかに引っ掻かれなくなって気配がなくなった。ってことは終わらせるチャンスって今しかないのかもしれない）

たとえどんなに怖くても、所詮は家の中だ。

（風呂場に行ってぬいぐるみに塩水かける、こんなこと走ったらすぐ終わる、もうこのまま勢いで終わらせよう、終わらせよう、終わらせよう）

そこで初めて勇気を持って、押し入れを開けたら、部屋が真っ赤だったと言う。

「なんで？」

僕たちは意気込んで訊いたが、タケダはぼんやりという。

「いや、俺もわかんない、俺もわかんないんだけどさあ。俺、確かに始める前に全部の窓を閉めたんだよ、カーテンも閉めたんだよ。なのにさあ、押し入れを開けたらさあ、全部のカーテンが全開になっててさ、窓の向こうから赤い光がこっち照らしてるんだ。最初は車のバックライトかなと思った。でもそんなんじゃない、そんなんじゃないんだよ。よくわかんない赤い光がさあ、部屋中を真っ赤に染めててさ、それが怖くてさあ、全部の窓からなんだよ、家が赤い光に囲まれてるんだ。早く終わらせないと。そう思って塩水持った瞬間、どこかのドアがギギギギギと開いて……」

ドドドドドドドド……

誰かが歩き回っている。

(あ、やっぱ誰かいる) そう思って押し入れを閉めた。

終わりたいのに終われない。風呂場まで行けなかった。

また押し入れの中で電話やメールするが、やっぱり誰も出てくれない。

本当に怖かった、本当に気持ち悪い、本当に寂しい。

でもどうすることもできないから、ずっとガタガタガタガタ震えるしかない。

時間だけが過ぎていく。

とうとう四時五十分になった。

あと十分しかない。でもやっぱり怖い、終わらない、どうしよう、どうしようと悩んでるうちに、四時五十七分になった。

残り三分。タケダはここでもう一度考えた。

(どっちみち五時に終わらなくて、このまま怖い状況が続くかもしれないんだったら、じゃあちゃんと終わらせよう。風呂場に行って、ぬいぐるみに塩水かけて終わらせよう。この間に何が起ころうが、どんなものに出くわそうが、全部無視しよう。どうし

たって怖いんだったら、ちゃんと終わらせよう、終わらせるんだ）

勇気を持ってまた押し入れをガッと開けた。

部屋は真っ赤なままだった。

（絶対終わらせるぞ）そう思って、塩水を口に含んで押し入れから出た。

そうしたら、何も起きなかった。なんにも出くわさなかった。

さっきまでの怖い気配がウソみたいに穏やかだった。

「なんだ、終わろうと思えば簡単に終われたんだ、よかったあ。やっと終われる、やっと終われる」そう声に出して、風呂場行って扉をガラーと開けた。

しかし、そこにぬいぐるみがない。

（ぬいぐるみがないなら、まだ終われない！）

気づいた瞬間、またテレビがザーってつき始めて、そちらを見るとドアが次々にギー、ギー、開き始めて、ドッドッドッドッ、たくさん足音がしだした。

でもタケダには、やっぱり何も見えなかった。それでも、たくさん何かに囲まれて、そいつらが自分のことじいっと見ていることはわかった。

パニックになって逃げたいと思う。でも逃げる場所なんかない。

外に行ったって、赤い光に囲まれてるから、赤い光に捕まると思った。

どうするかと考えた末、もう一度、さっきまでいた押し入れの中に隠れようと思った。そこしか思いつかなかった。タケダは押し入れに向かって走った。

色んなことが起こってる、テレビも鳴ってるし、視線も感じる、足音もする、とにかく怖い、隠れたい、その一心で走っていって、さっきまで自分のいた押し入れに戻るとなぜか襖が閉まっている。その襖をガッと開けたら、そこにぬいぐるみがあった。

なぜか丁寧に包丁も抜かれて、ぬいぐるみの横に置いてあった。

（いつここに、誰が？）と思いながらも、ぬいぐるみに口に含んだ塩水をブシャーとかけると、

「私の勝ち、私の勝ち、私の勝ち」

そう三回言った瞬間、赤い光が消えた。

「そこから何も変なことは起こってないんだけどさあ、ずっと怖くてさあ、ずうっと起きてるんだあ。もう家に帰りたくないんだあ」

そうタケダが言うんです。

「ねえ、ふざけてやっちゃあいけない遊びってあるよ。ねえ、やっちゃいけない遊びってあるんだよ。一人かくれんぼってそれだよ」

親友

毛利嵩志

――親友と親友の一家は、本当に曾祖父の愛人の呪いで死んだのだろうか。

今から四十年ほど前のことです。東大阪市のある中学校にマヤさんという女の子が入学したんですよね。

マヤさんは非常にのんびりした女の子で、教室の外に廊下があるんですけど、そこに大きな窓がある。休み時間になると、その窓のところに行って、外をボーっと眺めているような、そんな子だったんですよ。

そうしたら後ろから「何見てるの?」と声をかけた女の子がいたんです。

この子は、隣のクラスのサヨコさんという子で、ある特別な障がいを持ってたんです。

それがこの二人の最初の出会いでした。

二人はこの後、偶然なんですが、同じ塾に通い始めるんです。

そして帰り道が一緒なので、ポツポツと会話をかわすわけです。

サヨコさんは、マヤさんの雰囲気とか佇まいに、何かピンとくるものがあったのでしょう。あるとき、彼女の顔を真っ直ぐに見て、

「私ね、あなたと友達になりたい」

と、はっきり言ったんですよ。

マヤさんにとってそれは、宝物のような言葉でした。

以後、二人は急速に仲を深めていきます。

二人とも中島みゆきさんが好きだったので、彼女の歌のこと、ラジオのこと、そしてお互いのことをとめどもなく喋り合って、中学校三年間を通じ、間違いなく親友同士だと思えるような、特別な関係性を築いていったんです。

サヨコさんは、背骨に障がいがあって、まっすぐ背中が立たなかった。移動用の大きなコルセットを着けないと直立できない。

外見からもわかってしまうので、とても目立つんです。

中学生の女の子です。体の負担もさることながら、精神的な負担もかなり大きかったと思うんです。

でも彼女は非常に明るくて、朗らかな女の子だったそうです。

友達の悪口とか絶対言わないんですよ、自分の体の愚痴も言わない。

家は代々続くお風呂屋さんで、大繁盛していた。だからお金持ち、お嬢様なんです。成績もすごくいいんです。将来は薬剤師になるんだと言って、勉強を欠かさなかった、そんな女の子なんです。

それに比べてマヤさんは普通の女の子です。平凡な、成績も並の子です。だから学力には差はあったんですけど、二人は非常に仲が良かったから、中間試験、期末試験に向けて、一緒に勉強会をやったんです。

そして、マヤさんはサヨコさんの家を訪れました。

お嬢様だとは聞いていたのですが、想像以上に敷地が広大で、屋敷が大きいんです。それに、うわっと圧倒されてしまった。

二階に通されて、彼女と一緒に勉強したんですけど、その時に何気なく窓の外を見たんです。そうしたら、広い庭の向こうに蔵があって、なんだか二階の部分が居住空間になっているのが見える。

ただそこは、ボロボロに朽ちている。

マヤさんは気になって「あそこ、なに?」と訊いてみた。

するとサヨコさんは、「ああ、あそこはね、ひいおじいちゃんが愛人を囲ってた部屋なんだよね」と言う。

「え？」

「私の体が弱いのは、呪われてるからだと思うんだよね」

「それどういうこと？」とマヤさんは細かく訊いてみたんです。

サヨコさんのひいおじいちゃんという人物は、彼女曰く、非常に好色な人で、あちこちで女性に手を出していたそうです。何度も浮気をしては、奥さんと子供たちに迷惑をかけていた。

で、あろうことか、特に気に入った女性を連れてきて、敷地内で囲い始めたんです。

そして、自分は仕事もせず、足繁くそこに通う。

奥さん、はらわたが煮えくり返ったと思いますよ。しかし、家父長制が強い時代です、おそらく、口答えさえできなかったんじゃないか。そうしているうちに、ひいおじいさんが放蕩の限りを尽くして、亡くなってしまうんです。

しかし、その女性は行くところがないから、ずっと敷地内に住み続けているわけです。

そこで、奥さんの溜まりに溜まった負の感情が爆発してしまった。

子供たちと結託し、女性を軟禁して食料も水も満足に与えない。その上で殴る蹴る、あるいはそれ以上の暴力を加える――。

彼女は最後には衰弱して、

「呪ってやる。この家を根絶やしにしてやる」

血を吐きながら、そう言い残して亡くなった。

それを警察がどう処理したのかわかりません。でもそんな血なまぐさいことが、あの部屋で行われた、と言うんです。


「だからね、私が病弱なのは、きっと、その人に呪われたせいなの」

「まさか」とマヤさんは言ったんです。

「病気なんて、誰のせいでもないものよ。体のこと、つらいとはおもうけど、そんな風に考えるものじゃない」

「そうかな」とサヨコさんは言って、

「でも、兄さんが行方不明なのは、きっと呪いのせいよ。いなくなる理由がないもの」


実は彼女には、十歳年上の兄と五歳年下の弟がいるんです。

兄は地方の大学に通っていて、一人暮らしをしていたのですが音信不通になって、消息を絶ってしまったそうなのです。

「女の人、この家を根絶やしにしてやる、って言ってたのよ。跡継ぎがいなくなったら、うちもつぶれちゃうかもね……」

その時、マヤさんはサヨコさんの顔を見て、ぞっとしたんです。彼女、そんな話をしながら、うっすらと顔に笑みを浮かべていたんです。


二人はこの後、中学校を卒業して、進路が別れてしまいました。

マヤさんは地元の公立高校に、サヨコさんは私立大学付属の進学校に、それぞれ進んだのですが、卒業した後も、ずっと絆は続いていると、マヤさんは思っていました。

実際、卒業した後の五月に、二人は会っているんです。

たまたまサヨコさん宅前を通ったマヤさんがチャイムを押してみた。

するとサヨコさんが出てきてくれて、立ち話になったんですが、この時の彼女は非常に血色がよく、前以上に明るかったんです。

「実はすごく体調がよくて、コルセットが一回り小さいものになるのよ」

「よかったね！　おめでとう」

そう、喜び合ったのを覚えているんです。なのに——。

それが二人の最後の会話になってしまった。

この三ヶ月後、サヨコさんは唐突に亡くなってしまうのです。

マヤさんは彼女の訃報が信じられなかった。

(まさか、この間はあんなに元気そうだったのに!)

しかし死因を聞いて、二度驚いたんです。肺炎で亡くなったのだ、ということに。

しかもサヨコさんは、二人で会ったすぐ後に入院していて、ずっと病院で過ごしていたというのです。

動揺したまま、マヤさんは葬儀に参列したのですが、そこで奇妙なことがあった。

遺族が、サヨコさんの顔を見せてくれない。棺を開けてくれない。

マヤさんだけにではなく、親族含め、全ての弔問客に対してです。

遺族は「サヨコは若くして苦しんで亡くなったので、最後の対面はご遠慮願います」と、そう言うんです。

(そんなの、理由になってない……。いったいどうして?)

混乱している間にも葬儀は進行し、最後の対面がかなわないまま、親友は灰になってしまいました。

それ以降、マヤさんは抜け殻のようになってしまうんです。

（入院したことを知っていたら、お見舞いにも行けたはずなのに……）
そんな後悔の気持ちを、ずるずると引きずっていたのでした。
そうして四十日が過ぎてしまった頃。
その夜、自分の家でベッドに寝ていて、彼女は夢を見ました。
自分は高校の教室にいる。そして誰かが「あの子が来てるよ」と呼びに来てくれた。
廊下に出たら、サヨコさんが立っている。
いつものようなニコニコと明るい笑顔で、自分を見下ろしてるんです。
（え？　ここ、うちの高校だよね。っていうか、サヨコ――）

（あ、あ、あ、あ、あ、あ、
あなた、亡くなったはずよね）

パン！　と目が覚めて、起きようとした時に（あれ⁉）となった。
体が動かない。金縛りにかかってたんです。人生で初の金縛りです。
ふと、誰かが顔を覗き込んできたかのように、瞼の上に影が差した。
そして、枕の両側の布団がフワッと沈んだんです。
不思議なことに、置かれた手の形がはっきりとわかる。

大きな手の平、細長い指――これはサヨコさんだと。

彼女が上から自分の顔を覗き込んでいる――そんなふうに感じた。

しばらくすると、その気配がすうっと消えて体が動くようになった。

慌てて上半身を起こして、（サヨコが来た、サヨコが……）と独り言ち、その意味に気づいた瞬間、実感した途端、一階まで階段を駆け下りた。

そして、お母さんに抱きついて叫んだ。

「サヨコが、サヨコが来た！　連れていかれる！　怖い！」

すると、傍らで見ていたお父さんが、

「サヨコちゃんが、来た……？　それは、毎晩来ているのとは違うのかい？」

お父さんは毎夜、寝る前に子供たちの様子を確認するため、部屋を覗くのだそうです。すると、マヤさんがいつも床に座って、何かブツブツと呟き続けている。

「お前、何してるんだい？」と訊いたら、「ああ、今、サヨコが来てるんでお話してるの」と、そう応えていたというのです。

その話を聞いて、彼女はゾッとしたんです。そんなことをした憶えは全くない。

さらに強くお母さんに抱きついたら、お母さんに、

「マヤ、その子は親友なんでしょう？　あなたに会いに来てくれたんでしょう？　だったらあなたのほうからも会いに行けばいいんじゃない？」

そう言われて、次の日、サヨコさんの家にお線香をあげに行ったんです。

久しぶりに訪れる彼女の家は暗くて、文字通り火が消えたようになっていた。

お父さんが対応してくれて、御霊前に手を合わせた後、マヤさんが、

「実はサヨコさんが、昨日の夜に会いに来てくれたんです」

そうお父さんに切り出したら、「ああ、そうなんですか」と気のない返事。

マヤさんは（え？）と思った。もちろん亡くなっているので、物理的に会いに来た、という話ではない。でも娘の友達が来て、故人の思い出を語っているのに、そんなに興味がないのかと、マヤさんは驚いたんですね。

そして、さらにお父さんがこんなことを言った。

「実はサヨコの四十九日なんですけど、昨日で切り上げようと思ってます」

「それは……供養を切り詰めるっていうことですか？　どうしてなんですか？」

「いやあ――」と、お父さんは何か理由を話していたのですが、マヤさんは動転してあまり覚えていない。

実は、四十九日を一日や二日、縮めたり延ばしたりするのは、ままあることなん

だそうです。遺族の生活に合わせて、柔軟に対応することは、ある。

でも四十九日を九日間も切り詰めるというのは、ちょっと普通ではない。

そこでマヤさんは、お父さんに不信感が芽生えてきたんです。

遺体の顔を見せてくれない、四十九日を四十日に縮める、娘の友達の話を聞こうともしない――。

（本当に肺炎で亡くなったんだろうか？）

そんな疑惑が湧いてきた。

疑惑が晴れないまま二ヶ月が過ぎた頃、サヨコさんのお父さんが肺炎で亡くなるんです。そして、さらに二ヶ月後、サヨコさんの弟さんも肺炎で亡くなるんです。

わずか半年の間に、一家四人のうち三人が、次々と同じ病で亡くなってしまった。

その時にマヤさんは、あの呪いの話を思い出したんですよ。


もっとも、仮説がないわけではありません。

家族三人が感冒系の伝染病に罹ったとすれば、家族が次々と肺炎でなくなることはあり得る。葬儀で遺体を見せない措置も理解できる。

ただ、それもあり得ないと思う。そうマヤさんは言うんです。

サヨコさんは、実家からだいぶ遠い病院に入院していて、お母さんが住み込むようなかたちで、つきっきりで看病していたそうです。伝染病なら、真っ先に母親が罹るはずです。

生き残ったのは、お母さんひとり。彼女が他所からお嫁に来た人で、行方不明のお兄さんもとうに亡くなっているとしたら――。

まさに、ひいおばあちゃんのひ孫の代で、血統が途絶えたことになるわけです。

――本当に、それは呪いだったのでしょうか？

サヨコさんがどう思おうと、病気は病気でしかありません。しかし、彼女と家族の死については、いろいろと不可解な点がたくさんある。

なぜ葬儀で、顔を見せてもらえなかったのか。娘の友達の話に興味を示さなかったのはなぜか、四十九日を縮めようとしたのはどうしてか。

マヤさんはなぜ、自覚もなく独り言をつぶやいていたのか。あの夜、寝室に訪れた気配は、本当にサヨコさんだったのか。だとしたら……。彼女はマヤさんを連れに来たのか、最後の最後に会いに来たのか。

サヨコさんが、自らの病に負けず、必死に生きて、ようやく光明を見出しつつ、ある時に無残に命を奪われてしまったのは、愛人の復讐だったのか。

だとしたら、なぜそんなことのためにサヨコさんは死ななければならなかったのか。

現在、お風呂屋さんは廃業となり、サヨコさんのお母さんも亡くなったとそうです。

「サヨコは私の生涯の親友でした。あの子をちゃんと送り出してあげられなかったことが今でも本当に、私の心残りなんです」

マヤさんの最後の言葉をもって、この長い物語の終わりとさせていただきます

怪談最恐戦
投稿部門

十月　憑くに纏わる怖い話　最恐賞

壺底の星

影絵草子

蒲生さんは幼い頃、死にかけたことがある。

蔵の物を虫干しするため、なかの物を手当たり次第に家族で運び出していく。

そして、きれいなシートを広げ、蔵から出したものをその上に傷つけないように丁寧に並べていく。

棚の下から何かを見つけた。

徳利蜂の巣に似ている。

茶色く煤けた古い壺だ。

気づくと、壺を和室に運んでいた。

なぜ、こんな場所に運んだのかわからない。

虫干しが終わり、すべてを運び出して一段落した頃、壺のことを忘れていて、叱られると思ったので取りに行こうと和室に戻ると、母親がいた。

しかも、あの壺に顔を埋め、何やら嬉しそうに笑っていた。


「お母さん、何をしているの？」

そう話しかけた。

「気になるなら、あんたも覗いてみなさい」

底を覗く。

暗闇の中に、いくつものきれいな青い星が浮かぶ。

夜空だ。

静かな暗闇に身を委ねていると、急に苦しくなる。

ふいに後ろから襟首をつかまれ、水面から上半身を引っ張りあげられた。

自分は、敷地にある池に顔を埋めていた。

見ると怖い顔をした母親と父親がこちらを見ている。

「何をしているんだ、死ぬところだったぞ！」

そう言われる。

まだ少し苦しい。

だいぶ水を飲んだようだ。

池のイヤな臭いが鼻の奥に残っている。

自分は、壺を覗いていたはずである。

蔵の中やシートに並んだ虫干しされたものを見ても、その中にはもうあの古い壺は無かった。

あのまま誰も引っ張りあげてくれなければ、自分は死んでいただろう。

夜空の星に見とれていたが、壺の底に見えたものは、おそらく星ではなく別の何かなのだと思う。

ただ、壺を覗いていた時間は恐ろしく幸せだった気がする。

あの和室で見た母親はきっと母親ではなく、自分を誘い出すためのエサだったのだろうと今なら思える。


それ以来、何かを覗くという行為は自分にとって忌むべき行為になった。

十二月　年末年始に纏わる怖い話　最恐賞②

閃輝暗点

鑑鈍

　仕事の同僚のAさんから聞いた話である。

　年の暮れ、Aさんはかなり忙しい時期で、毎日働き詰めだった。

　夜になってある時、PCの画面を見ていると、あれ？　と思った。画面上の顧客の電話番号、最後の一桁だけがなんだか見えない。

　まわりのスタッフに画面を見てもらうと、ふつうに見える、と言う。

　おかしいな、と思ってAさんは見る角度をかえたりして眺めてみても、一番右側の数字がどうしても一つ欠ける。右目を押さえて見てみると、左目はちゃんと見える。

　どうやら右目が何かおかしい。

　スタッフの一人が、網膜剥離じゃないですか？　と怖いことを言うので、Aさんはすぐさま眼科に行くことにした。

夜の道路を渡っている際に、右目に異変が現れた。次第に大きくなる天の川のようにキラキラした模様が右眼のなかにひろがっていった。Aさんは眼科に急いだ。診察してもらうと、どうやら閃輝暗点という症状で、ストレスなどで出ることがあるらしい。眼球自体に問題があるわけではなく、脳が原因で起きるもので、一ヶ月くらい続くようであれば脳外科に行くことを勧められた。

とりあえずほっとしたAさんは、眼科からの帰り道、交差点で信号待ちをしていると、おさまっていた症状が右目にまた出始めた。

はじめは夜の信号やネオン、車のライトのせいかと思っていたが、右眼の中で流れ星のようにすぅーっと光が下に文字を書き出した。

「し」

そのあと光は、誰かが筆を運んでいるようになめらかに動いて、

「ぬ」

とゆっくり書いた。

Aさんは怖くなって声をあげそうになったが、どうにもならない。手で押さえて目をつぶってもその字は消えていかない。

そして、

「よ」


とうとうAさんは信号待ちの時に蹲って声を上げてしまったそうだ。その後は周囲にいた人に助けられて、なんとか仕事場まで戻った。

Aさんは長期休暇を取ることにした。

「警告だったのかな、でも眼の中に文字を書かれるってのはねぇ、はじめてで、怖かったよ」

とAさんは語った。

一月　神仏に纏わる怖い話　最恐賞

きつね餅

Ｓｏｏ

　Ａさんの生家は十何代続く旧家で、拾ってきたある神様を一族の守り神としてお祀りしている。そのいきさつはこうだ。

　その昔、家に不幸が続いた時期があった。特に器量よしで評判だった本家の娘がならず者に殺された事件は一族に暗い影を落とし、当主はショックですっかり病みついてしまった。そんなある日、一族で一番の年寄りだった婆様が夢で「自分を祀れば末代まで守ってやる」と神様から直々に言われたそうだ。

　翌日、夢のお告げにしたがって男たちが山のある場所を掘るとご神体が出てきたので、それを祀ったのが始まりだという。おそらくご神体を持った旅人が行き倒れてしまったのではないか、というのがＡさんの解釈だった。

　とにかく、そういったいきさつで神様はそれからＡさんの家で代々大切に祀られてきた。ご神体の大部分は山中の祠に安置し、残りは神棚に祀った。三度三度のお供えは神棚に、節目のときは祠に、とAさんは祖父に教わった。

そんなAさんは少年時代に一度だけ、その神様に叱られたことがあるそうだ。

毎年、元旦には朝一で餅をつき、祠にお供えに行くのが決まりだったが、その年は例年にない大雪で祠に続く石段が雪ですっかり埋まっていた。雪をかいて行くのが面倒だったため、Aさんは石段のふもとに餅を入れた鉢を置くと「ここに置きます、すみません」と祠のほうに頭を下げて帰った。するとその夜Aさんの夢に大きな白狐が現れた。白狐の周りには子狐が何匹もおり、にぎやかに駆け回っていたそうだ。

Aさんが呆気にとられていると白狐はこんなことを言ってきた。

「今年は子どもを沢山産んだ。腹が減っているのに、この通りで動けない。どうして祠まで餅を届けてくれなかったのだ」

翌朝、Aさんは夢の話を曾祖母に話した。すると曾祖母の顔はみるみる真っ青になった。曾祖母はすぐに餅米を蒸し、男手を集めて山ほどの餅をつかせた。そして一族総出で石段の雪かきを行い、全ての餅を祠にお供えした。あまりに餅が多すぎて、祠の扉が見えなくなるほどだった。

勿論、帰宅後にAさんがこっぴどく叱られたのは言うまでもない。

ちなみにその夜、白狐はもう一度Aさんの夢に出てきた。そして「餅は確かに受け取った」とAさんに告げて消えた。翌朝祠を見に行くと、餅は一つもなくなっていた。

Aさんは今では還暦を過ぎた老人だ。親戚の子どもたちにこの話をしつつ「お供え物は必ず祠まで」と教える立場になっている。

三月　鉄道に纏わる怖い話　最恐賞

ふた駅四分の間に

鳥谷綾斗

大阪に住むYさんから聞いた話だ。

Yさんは二〇〇〇年頃に大学を卒業した。卒業式が終わった三月末、学内のカフェテリアによく集まる仲間たち（サークルと言うほどではないそうだ）十数人と焼肉会を行なった。

場所は、阪急路線の十三駅付近にある焼肉屋。飲んで食べて思い出話や就職の話に花を咲かせて、午後九時頃に店を出たと言う。

解散を惜しんだYさんたちは梅田駅まで歩くことにした。電車では四分ほどだが、徒歩だと十三大橋を渡って三十分ほどかかるらしい。

「今思うと青春やなぁ。こんなんするのも最後かって寂しなりました」

十三駅の東改札口前でいざ出発という時、Yさんたちの前にSくんという男子が現れた。

「S、焼肉会を欠席してたんですよ。仲間内でSだけ内定が決まらんくて、その日も就活と被った言ってました」

Yさんが「おまえ、遅っそいわ」と言うと、Sくんは、

――A子ちゃんに話があって……

と返したそうだ。A子さんは一学年下の、可愛い感じの後輩だと言う。

Sくんは A子さんに「梅田まで一緒に行かないか」と誘った。Yさんは、別の友達に訳知り顔でつつかれ、すぐに得心した。

「SはずっとA子ちゃんに片想いしてたみたいで。卒業したらもう会われへんようになるから、告白するんやなって思いました」

A子さんは戸惑ったがすぐに承諾し、Sくんと二人で改札口に消えた。

Yさんたちも出発し、ぞろぞろと十三大橋を渡った。その途中、梅田駅に向かう電車の中にSくんとA子さんらしき人影を見たような気がして、「S、頑張れよ」と心の中でエールを送ったと言う。

卒業から半年後、Yさんは大学の友人と久々に会った。

そしてとんでもないことを聞かされた。

「S、自殺してたんです。焼肉会の日の朝に」

遺書はなかったが、Sくんの両親によると、彼は就活でひどく悩んでいたとのことだ。

「そんなら俺たちが会ったSは何やったんや……って考えてたら、A子ちゃんがいつの間にか大学を辞めてたことを聞かされました」

さらに噂によると、A子さんは行方不明らしい。Yさんには電話番号やメアドを交換するほどの仲の後輩はいなかったので、詳しいことは分からなかったそうだ。

「A子ちゃん、Sと電車に乗ってどこに行ったんやろ……」

十三駅から梅田駅までのおよそ四分の間に、彼女に何が起こったのか。Yさんは暗い面持ちで言った。

六月　雨に纏わる怖い話　最恐賞

室内の豪雨

都平　陽

都内のテレビ局に勤めて十年目になるOさんは、五年目に入った年、思い切って広くて立地の良い部屋へと引っ越した。

引っ越して一週間ほどしたある休みの日、リビングでの作業中コーヒーに手を伸ばすと一瞬、カップの黒い面にぽちゃんと波が立ったように見えた。

しかし、あらためて見つめると特におかしい所はないので、そのまま済ましてしまった。

数日たったある朝、起きぬけに水を飲もうとすると、まるで小雨が降っているかのように、コップにぽつりぽつりと波紋ができた。今度は確かに目撃したが、天井が水漏れしているわけでもなく、他の原因も思い当たらなかった。コップの水は飲まずに捨てた。

それ以来なんとなく気味が悪く、部屋で口のあいた容器を使うのを避けるようになった。飲み物はボトルやビンから直接飲むようにし、風呂はシャワーだけで済ませた。

それにそもそも仕事がきわめて忙しく、部屋に帰らない日、帰ってもただ眠るだけという日も少なくなかった。

そういう生活がつづき気味の悪さも薄れかけていた頃、仲の良い同僚が「引っ越し祝いだ、一緒に飲もう」と言って、贅沢なおつまみと一緒にクラフトビールを持ってきた。

Oさんはちょっとためらったが、グラスを並べた。せっかく持ってきてくれたものを断るのもおかしい。それに、今度は色もあり炭酸も入っている。

黒い液体が泡を立てながら満ちていく。乾杯のために二人がグラスを取ろうとした途端、大きな雨粒に打たれたように、泡がうがたれた。見えない雨滴は次々に降り注ぎ、ビールは躍りあふれて、テーブル一面にびしゃびしゃと飛び散った。

Oさんはそのあとすぐに転居した。今では同僚にとってもOさんにとっても、食事の場でのちょうどいい小話になっているという。

懐かしい味

高倉　樹

これは、戸嶋さんが通う大学で、つい昨年起きたことだという。

戸嶋さんは三回生になって、研究室に所属したばかりだった。その矢先、困ったことが起こるようになった。

ゼミ生の食事が盗まれるのだという。

感染症対策のために集団で食事をしないように、と言われているので、あれこれ議論するゼミ生たちも、食事をするときだけは弁当などを持って隣の空き教室に移動する。そこで、例えば消毒を怠ったことを思い出して一度席を外したとする。

――戻って来たときには、弁当のおかずのいくつかがなくなっていた、というのだ。

目を離したのは、ほんの一分にも満たない時間だ。消毒スプレーを取りに行った。

運悪く電話がかかってきた。ともかく一瞬だけでも弁当から離れると、蓋が開いている――。

そういうことが何回か続いた。

弁当の蓋が開いているだけで、何もなくなっていない場合もあったそうだ。

とはいえ、口に入れるものだ。被害にあったゼミ生の多くは、気持ちが悪くて、そのまま捨てざるを得なかった。

どうにも困ってしまって、戸嶋さんは、自分たちで犯人を捕まえようとした。見張りを置くことにしたのだ。きっと犯人は苦学している学生だ。

とにかくも弁当から目を離さなければいい、と思ったのだ。

ところが、被害はむしろ加速した。空き教室でのおかず窃盗が減ると、まるで足りないぶんを補うかのように、隣のゼミ室でも食べ物が消えるようになったのだ。

ゼミ室は、まず誰かがいる。

なのにおかずが消えるのだ。

ここまでくると、ただの盗っ人とは思えない。きちんと専門家に相談しようということで、守衛さんを呼んできた。守衛さんは経緯をじっくり聞いたあと、被害にあった学生だけを集めて、彼ら彼女らの出身を尋ねたのだそうだ。

本人の出身、あるいはご実家のルーツを。

そうして「犯人は九州の子だったんだなぁ」と結論付けた。


対策はシンプルだった。

週に一度くらいでいいから、九州ルーツの子に、家庭の味付けでおかずを作って、空き教室に置くように、という。

期待していた見張りなどとは似ても似つかない対策に、戸嶋さんは大いに戸惑ったそうだ。しかし、やってみると、被害はぴたりと止まった。

弁当は荒らされない。消えるのは、空き教室に備えた九州ふうのおかずだけだ。


説明を求めた戸嶋さんに、守衛さんはあまり多くを語らなかった。

「きっと懐かしい味が食べたかったんだね」

としか、言ってくれなかったそうだ。

七月　食べ物に纏わる怖い話　最恐賞②

おはぎ

おがぴー

千葉で和菓子店を営む直也さんが高校生の時。

ある土曜日に直也さんは商店会の会合で出かけた父親に代わって店番をしていた。

店の造りはシンプルで、和菓子の入ったガラスケースの奥は住居を兼ねており、直也さんは店に直結している和室の畳の上で、ごろんと横になっていた。

ふと店先に視線を向けた時だった。

「あれ？　おばあちゃん？」

ガラスケース越しに田舎に住んでいる祖母の姿が見えた。祖母が来るという話は聞いていなかった。

「おばあちゃん！」

呼びかけても祖母はこちらを向く事なく、何かを夢中に食べている。

よく見ると、それはおはぎだった。

店のおはぎを食べている⁉　直也さんは慌てて起き上がって靴を履き店に出た。

「あれ？」

祖母がいない。店の外も探したが祖母の姿は何処にもなかった。


「見間違えじゃないのか？」

帰ってきた父親は「連絡も無く来るはずがないよ」と信じてくれなかった。

「でも誰かがガラスケースからおはぎを取ったなら、衛生的にまずいなぁ」

おはぎの数は減っていなかったし、ガラスケースは客側からは開かない。これも見間違えだろうと言われた。


しかし万が一にも食中毒を起こすわけにはいかない。そこでおはぎだけケースから下げて家族で食べることにした。

「うえっ　不味い」

母親も入れて三人で食べたおはぎの味は、なんとも言えない味だった。

腐っているのとも違う。味が薄いような……それは言葉にしにくい味だった。

念のためにとチェックした他の和菓子は無事だった。

祖母の姿を見たという直也さんの話もあり、安否が心配になった父親がすぐに電話を掛けたが祖母は出ない。虫の知らせという言葉が頭を駆け巡る。

直也さんと父親は車で祖母の家に向かった。


「なんだ……この臭い」

祖母の家は房総の山にあって近くに民家はない。車から降りると、なんとも言えない悪臭がした。

「お……おばあちゃん？」

愛用の作務衣を着ていなかったら気づけなかったほど、祖母の肌は真っ黒だった。


「死後一週間経っていたそうだ」

直也さんの祖母は健康そのものだった。恐らく当人もこんな死が訪れるなんて思っていなかっただろう。

死因は餓死だった。

転倒による頸部骨折により動けなかったと検案書にあった。

「見つけてくれって言いに来たんだと思うんだよね。でもおなかも空いてたんじゃないかなぁ。それで店のおはぎを食べたんだと思うよ。だって大好物だったからね」

祖母が好きだったおはぎは今でも直也さんのお店の一番人気である。

八月　通勤通学に纏わる怖い話　最恐賞

思い出の彼女

墓場少年

M君が高校時代に体験した、夏の終わりの奇妙な怪異。

部活を終えて帰宅途中、M君は通学路の脇でうずくまっている女子生徒を見つけた。

後ろ姿だけで、M君にはそれが自分の彼女であると分かった。

「あれ、どうしたの?」

駆け寄って声を掛けると、虚ろな瞳で彼女が呟いた。

「急に……眩暈がして」

顔面蒼白の彼女を見て、M君は焦った。

「顔色悪いよ！　救急車呼ぶ⁉」

「大丈夫……多分、軽い熱中症」

とりあえず、M君は彼女を家まで送っていくことにした。

「えっと、ここからどう行けばいいんだっけ?」

「ふふ、毎日ウチの前を通ってるくせに忘れたの？　そこ、右」
彼女の案内で無事に家まで辿り着くと、二階にある部屋まで付き添った。
すぐにエアコンのスイッチを入れ、鞄から水を取り出して飲ませた。
「手、繋いでよ」
そう言ってベッドに横たわった彼女の手を、照れながらもM君は握った。
やがて室内が涼しくなると、彼女は浅い寝息を立て始めた。
様子を伺っていたM君は安心し、いつのまにかウトウトとしていた。
どのくらいそうしていたのか、猛烈な暑さでハッと目を覚ました。
確かにつけたはずのエアコンが停止していた。
窓からは強烈な西日が差し込み、全身が汗でびっしょりと濡れている。
そして目の前には、誰も居ないベッドがあった。
周囲を見渡し、M君は唖然とした。
べろりと剥がれた壁紙に、千切れたカーテン。
ベッドシーツは醤油で煮しめたようにひどく汚れていた。
異常事態であったが、何よりも心配なのは彼女の所在だ。
部屋を飛び出したM君は、彼女の名を叫ぼうとした。

しかし、声を発することが出来なかった。
なぜなら――彼女の名前を思い出せないからだ。
ここで漸く、M君は我に返った。
（そもそも、僕には彼女なんて居ない！）
その瞬間、背後で扉の開く音がした。
信じられないほど冷たい空気と共に、か細い声が漏れ出てきた。
「行かないで……」
先程まで一緒に居た、彼女の声だった。
知っているけど、知らない声。
恐怖よりも、なんだかとても悲しい気持ちになった。
この場所に留まれない自分が、薄情な人間に思えた。
M君は心の中で何度も「ごめん」と呟きながら、ゆっくりと階段を下りて家を出た。
振り返ると、そこは通学途中に毎日見ている空き家だった。
「十年以上前の話ですが、今でも夏になると思い出します」
そう言って、M君はさみしげな表情を浮かべた。

九月　道具に纏わる怖い話　最恐賞

ごぞぱしかり棒

宿屋ヒルベルト

製薬会社に勤めるMさんが某地方の営業所に赴任していた時の話。

寮の近くのコンビニに、夜遅く行くと大抵レジを打っているギャルっぽい女の子がいて、何度か通ううちにちょっとした会話を交わすようになった。

「そうだ」Mさんはある時、前から気になっていたことを訊ねた。

レジ裏の壁の一角に、変なものが吊ってあった。白い組紐のようなものでぐるぐるに巻かれた、長さ三十センチほどの棒。先端に行くにしたがって広がって平べったくなっており、引き延ばされたしゃもじみたいな形だ。

「あれ、なんですか?」

「……そっか、お客さん県外から来た人だから知らないか」

戸惑ったような間ののち、ギャルは得心した様子で頷いた。

「これね、ごぞぱしかり棒」

棒を手に取り、ギャルは指揮でもするように振ってみせる。

「時々、貸してくれって人がいるから置いてるんだ。これでごぞをぱしかるんだよ」

「ごぞ？　を……ぱしかる？」

方言なのか古い言葉なのか、「何」を「どうする」のか類推もできない。

「このあたりお年寄りが多いからさ。迷信深い人もいるんだよね」

「へーえ……」

地元独特の、厄払いか何かに使う道具で、この地域では「これ何？」と改めて訊いたりしないようなありふれたものなのだろう。そんなギャルの口ぶりに、質問を重ねるのも気後れした。後味の悪さを感じたが、今度調べてみようと思っているうちに忘れてしまった。

それから二週間ほど経った夜のこと。

その日もギャルと他愛もない雑談をしながら会計を待っていると、グレーの作業着姿の太った男が店に飛び込んできた。

「ぱしかり棒出せ！　ぱしかり棒！」

レジカウンターを叩きながら男は怒鳴る。なんだこいつ？　Mさんは驚いたが、ギャルは慣れた様子で「ごぞぱしかり棒」を手渡した。

男はひったくるように棒を掴み――それで自分の頭を勢いよく叩き始めた。

「せっかくですが！　せっかくですが！　せっかくですが！」叫びながら、一分ほども叩き続けていただろうか。鬼のようだった男の形相がスッ……と和らいだ。

「助かったわ」

男はポケットからくしゃくしゃの万札を出して放り、よろよろ出て行ってしまった。

Mさんは、呆然と見送るしかできなかった。

「……今の、ごぞをぱしかってたんですか？」

訊ねると、ギャルはカウンターに放られたごぞぱしかり棒を手に取って浮かない顔で言った。

「うん。でもねえ、あの人たぶんもう無理だよ」

棒に巻かれた組紐が、握った男の手の形に真っ黒に変色していたという。

十一月　嘘に纏わる怖い話　最恐賞

鼓笛隊

ふうらい牡丹

大学病院で勤務医をしている真司さんは小学六年生の頃、中学受験の勉強漬けの日々を過ごしたという。

毎日塾に通い、土日も補講やテストで休みはほとんどなかった。

同級生からも気を遣われているようで遊びに誘われなかったが、同じクラスの哲ちゃんだけはいつも笑顔で「遊ぼう」と声をかけてきた。

秋の終わり頃、いよいよストレスで辛くなったとき、

「今度の日曜のお祭り、俺、子ども会の鼓笛隊の旗手やるから見に来いよ」

休み時間に哲ちゃんにしつこく誘われ、真司さんは塾のテストをサボって町内の祭りに行ったという。

サボったことへの罪悪感を覚えつつ、沿道の最前列でパレードを眺めながら鼓笛隊が通るのを待った。

ところが、いざ鼓笛隊が通ると先頭の旗手は知らない子で隊列の中にも哲ちゃんの姿は見当たらない。パレードの終点まで追いかけ、休憩する鼓笛隊の中にいた同級生に「哲ちゃんは？」と尋ねると、「哲ちゃんはメンバーじゃないよ」と言われたという。

唖然として帰宅すると塾をサボったことで親に叱りつけられた。そのため翌朝学校で哲ちゃんを見つけた真司さんはすぐに怒りをぶつけた。

しかし哲ちゃんは鼓笛隊の話どころか、「お前を遊びに誘ったこともない」としらを切る。いつもの笑顔とは別人のような冷たい表情だった。

以降、真司さんは哲ちゃんと絶交したまま卒業し、志望した中学に進学した。

十数年経って真司さんが医学部の六年生になり、国試の勉強や卒試の準備に追われていたある日、当時登録していたSNSにメッセージが届いた。

名前を見ると、それが哲ちゃんの本名だと気づいてあのときの辛い思い出が蘇る。

（なんの用だ？）

卒業して一切連絡もとっていないのに、と訝しんでメッセージを開く。

「あのとき嘘ついてごめん」

何を今更、と思いつつ続きを読む。

「本当に鼓笛隊に入りました」

その言葉とともに写真が送られている。

大人になった哲ちゃんがあの頃の笑顔で、子どもたちと同じ衣装を着て鼓笛隊の旗手をしている写真だった。

（何やってんだこいつ）

そう思って画像を見ていたが、真司さんは（あの日だ）と気づいて寒気がした。

写真の中の沿道に子どもの頃の自分が映っていたのだという。

彼は気持ち悪くなって、すぐにそのアカウントをブロックした。

後に小学校の同級生何人かと話す機会があったが、哲ちゃんが今何をしているかを知る人はいなかったそうだ。

収録出演者プロフィール

宮代あきら（みやしろ・あきら）
怪談最恐戦２０２０の参加を機に活動を開始。日常に潜む怪異を好み蒐集、怪談ライブを不定期に開催している。

いわおカイキスキー（いわお・かいきすきー）
怪談ユニット「怪談恐不知（おそれしらず）」の一人。幼少期から怪談に触れ、ネット配信黎明期には既に怪談配信を行っていた。得意としている叙情的な語り口で、最恐位を狙った。

十二月田護朗（ごろー　改名）（しわすだ・ごろう）
怪談ユニット「怨路地（うらろじ）」。公認不動産コンサルティングマスター。二〇二一年三月から本格的に怪談活動開始、二十三年以上の不動産業界歴で体験や蒐集した不動産怪談を得意とする。

三平×2（みひら・さんぺい）
芸人。二十一年十一月「島田秀平のお怪談巡り」でほぼ初となる怪談を披露。思いがけず好評を得たことで本格的に怪談に取り組み始める。二次元妻帯者の夜・西口プロレスでも活動。 Twitter/sanpeimihira

伊山亮吉（いやま・りょうきち）
足の骨折で入院した際には病院で嬉々と怪談取材を始める程の怪談オタク。また、大の稲荷神社好きとして暇がある時は各地の稲荷神社を回っている。吉本興業所属。

酒番（さかばん）
旭堂南湖講談教室にて古典講談、怪談を学び、宇津呂鹿太郎先生の怪談売買所や大阪の魔窟オカルト怪談BARで育つ。二年前の怪談最恐戦動画選考最低視聴回数を記録から、挑戦し続けての今回ファイナル初出場。ただ語るのみ。

毛利嵩志（もうり・たかし）
福岡在住。幼少時『恐怖新聞』にハマりオカルトの道へ。ニコニコ生放送上で怪談を披露し続け、現在は怪談ユニット「怪談恐不知」の一員として活動中。昨年は最恐戦東京予選に出場した。

Dr・マキダシ（どくたー・まきだし）

青森県出身。現役精神科医でありプロのラッパーとしても活動する。鍛え抜かれたステージングの技術と精神科医としての視点を盛り込んだ語りは聴き手の心を強く揺さぶる。

ハニートラップ梅木（はにーとらっぷ・うめき）

デイトレードをしながら日本全国を回って怪談を集めてます。YouTube「ハニトラ梅木の水曜日の怪談」で心霊スポットや事故物件に赴いたり怪談を話したりも。

山本洋介（やまもと・ようすけ）

怪談ユニット「怪談恐不知」の一人。最恐戦２０２０で敗れたガンジー横須賀にリベンジを果たし、人怖X怪談のジャンルを得意とする内容を武器に最恐位を狙った。

吉田猛々（よしだ・もうもう）

お笑いコンビ、ナナフシギの猫好きな方。心霊体験ゼロながら怪談読書歴は四十年、「体験がないからこそ預かった話を忠実に再現する」がモットー。

うえまつそう（うえまつそう）

東京都新島出身。現役の高校の体育の先生。ベーシストであり、デザイナーであり、渋谷モヤイ像の持ち主でもある肩書きオバケが多ジャンルの怪談を放ちます。

怪談マンスリーコンテスト執筆者プロフィール

影絵草子（かげえぞうし）

茨城県在住、十代から実話怪談を蒐集し千以上保有。人間の内面に潜む悪意や情念をはらんだ怪談を好む。活動は今年で七年目。参加共著に『実話怪談 牛首村』ほか。

饂飩（うどん）

都内在住。妻と長男（５歳）、次男（３歳）の４人家族で平和に暮らしている。怪談とは無縁。執筆活動も他に特にしたことはない。

ＳＯＯ（すう）
茨城生まれ、茨城在住。身近な人の体験談や郷里と自分の家系にまつわる怪談奇談を蒐集中。ほっこりしんみりするような、少し優しい怪談が好きです。

鳥谷綾斗（とや・あやと）
大阪在住。元気なホラー好き。実話怪談を扱うと首が痛くなるのが悩み。ホラー映画への愛を叫ぶ感想ブログ『人生はB級ホラーだ。』をほぼ毎週月曜日に更新中。

都平　陽（とひら・よう）
信濃出身、福岡拠点のライター。大学時代民俗学を専攻、今は尿酸値高めの中年。身近な怪談を時々蒐集。執筆業の父と映画狂の母がした恋について書く方が好き。

高倉　樹（たかくら・いつき）
執筆業・書籍デザイン・古書など、本にまつわるよろず承ります。大阪にて河童捜索活動に従事、５年目に突入するも未だ見つからず。好物はもさもさした食べ物。

おがぴー（おがぴー）
千葉県在住。怪談が大好きな薬剤師。怪談最恐戦で怪談語りを始め、マンスリーコンテストにも投稿するようになる。もう一つの受賞作は共著『恐怖箱　霊山』に収録。

墓場少年（はかばしょうねん）
愛媛県に住んでいるので、私の書く怪談は基本的に四国で起こった実話怪談です。四国の夜は都会よりも長く、闇が濃いように感じます。怪談収集には事欠きません。

宿屋ヒルベルト（やどや・ひるべると）
北海道出身、埼玉県在住。幼い頃はアンビリバボーとＵＳＯ⁉ジャパンに震え上がった平成一桁生まれ。本業は編集者。参加共著に『恐怖箱 呪霊不動産』。

ふうらい牡丹（ふうらい・ぼたん）
大阪在住。本業は落語家です。趣味で短歌を詠んでおります。共著に『怪談四十九夜 荼毘』『村怪談 現代実話異録』等。

怪談最恐戦2022

2023年2月6日　初版第1刷発行

編者……………………………………………………………… 怪談最恐戦実行委員会
デザイン・DTP ……………………………………………… 荻窪裕司（design clopper）

発行人…………………………………………………………………………… 後藤明信
発行所……………………………………………………………………… 株式会社 竹書房
〒102-0075　東京都千代田区三番町８－１　三番町東急ビル６F
email：info@takeshobo.co.jp
http：//www.takeshobo.co.jp
印刷所……………………………………………………………… 中央精版印刷株式会社